CARTAS DE UN BANQUERO A SU HIJO

El Valor Del Dinero

Alfred Lansburgh

Traducción, Transcripción y Edición: Mateus Rodrigues de Oliveira Michelon.

CONTENIDO

PRIMERA CARTA

La tabla de multiplicación económica

Valor externo y valor interno del dinero

Anormalidades

Berlín, 1 de septiembre de 1921

Dos meses de verano maravillosamente bellos han quedado atrás, querido James. No toda mi vida recuerdo una secuencia tan larga de días radiantes de azul y dorado. Indiferente a la expresión preocupada del agricultor y también indiferente a la sonrisa satisfecha del productor de frutas, el sol brilló obedeciendo alguna ley de la naturaleza que desconocemos. Nos refugiamos en la sombra, combatimos las brasas con agua donde pudimos. Pero no pudimos forzar a la esfera de fuego a disminuir sus rayos, ni comandar a los vientos para que dibujaran una cortina protectora de nubes frente a la luz ardiente. Fue humildemente que nos sometimos al poder superior, adaptándonos sabiamente a los hechos: eso es todo lo que pudimos hacer.

La mayoría de las personas también lo perciben y no intentan luchar en una lucha inútil contra la naturaleza. No se rebelan contra las leyes que reconocen como eternas e inmutables.

Pero ¿por qué actúan de manera tan sensata solo en el campo de las fuerzas naturales y no también en el campo económico? ¿Por qué creen que pueden dictar la dirección del desarrollo mediante intervenciones arbitrarias y medidas de fuerza según lo consideren adecuado? ¿Por qué ignoran deliberadamente el hecho de que la economía también tiene sus leyes eternas, a las cuales no hay otra sabiduría que no sea la subordinación y adaptación? Nuestra ciencia económica todavía está en su infancia, ¿verdad?, a punto de creer que puede actuar imperativamente y dictar al Estado: 'Haz esto y no hagas aquello, para que esta o aquella consecuencia indeseable de ciertas causas desaparezca'? En lugar de partir de conocimientos milenarios y decir: "Las leyes económicas hacen que esta causa produzca infaliblemente este efecto. Presta atención a esta conexión causal, respétala, actúa de acuerdo con ella, evita la causa si no deseas el efecto, pero no intentes cambiar la conexión y doblarla en una dirección que te convenga. El desarrollo económico también tiene sus reglas únicas y no ignora a aquellos que violan el principio de que 'dos más dos son cuatro'".

En las cartas que te escribí a principios de este año, intenté dejar claro cómo casi todos los gobiernos europeos violaron groseramente la ley de hierro de la economía, según la cual los cupones de bienes que llamamos 'dinero' solo pueden surgir del tráfico que produce y distribuye los bienes. Te mostré cómo la superstición de que es el Estado el que crea el dinero y que corresponde al Estado decidir sobre el tipo y la cantidad de dinero tuvo su venganza más desastrosa, haciendo que el valor del dinero se hundiera profundamente, en muchos casos hasta el abismo, por esta presunción por parte del Estado de querer desempeñar el papel de creador: que una gran parte de la población ha sido así privada de posesiones, es decir, ha sido expropiada o robada, según la opinión; que casi todas nuestras luchas sociales, con sus síntomas asociados de incitación política, inmoralidad pública, falta de escrúpulos en la adquisición, robo y asesinato epidémico, son consecuencia de este desprecio por las leyes económicas: de hecho, incluso la Revolución Alemana de 1918 se debió en gran parte a este desprecio, ya que la manipulación arbitraria con la moneda amarilla, más que la guerra en sí, provocó la división del pueblo en dos grupos, el de los explotadores y los explotados, creando así la disposición mental para el colapso.

Sin embargo, al exponer todos estos hechos, querido James, de ninguna manera agotamos el problema del dinero. Dado que un estado industrial y comercial moderno no es un área aislada, no es una entidad autónoma, sino parte de la gran unión económica de las naciones, su sistema monetario no es una cuestión interna con solo efectos económicos internos, sino que también tiene efectos externos. Cualquier intervención arbitraria en el sistema monetario, además de las consecuencias desastrosas dentro del país, inevitablemente tendrá una influencia a largo alcance en todas las relaciones comerciales y financieras entre el país de origen y todos los países extranjeros. Pues si los bienes internos aumentan su precio diez veces o mil veces y luego se reducen a la mitad, esto no puede dejar de tener algún efecto en el mercado mundial, hacia donde fluyen los bienes o desde donde fluyen hacia el país, y de la misma manera, no puede dejar de afectar el precio de la moneda extranjera en la que los bienes extranjeros y cualquier deuda en el extranjero deben pagarse. Por lo tanto, una cadena entera de problemas está vinculada al problema principal del dinero nacional y su valor en el propio país.

Solo necesitamos mirar a nuestro alrededor y de inmediato los fenómenos más extraños y contradictorios se nos imponen.

Por ejemplo, cuando miramos el tipo de cambio, que nos muestra las tasas de cambio y, por lo tanto, al mismo tiempo, el valor que los países extranjeros atribuyen a nuestra propia moneda. Es obvio que este valor extranjero debe disminuir si nuestro dinero ha perdido valor en el propio país. Pues si los países extranjeros continuaran valorando y pagando el marco alemán por su antiguo valor en oro, el dinero alemán migraría al exterior, donde sería sobrevalorado, compraría enormes cantidades de bienes allí e inundaría Alemania con sus productos. Esto forzaría a la baja el nivel de precios en Alemania o, en otras palabras, elevaría el valor del marco en Alemania. Pero tan pronto como esto sucediera, se desencadenaría el proceso inverso: las masas de marcos que salían fluirían de vuelta hacia Alemania, inundarían los mercados aquí para comprar y elevarían los precios nuevamente, pero el valor del dinero caería en consecuencia, y el juego comenzaría de nuevo. Esto, por supuesto, es una imposibilidad. Al igual que el precio de un título, una letra de cambio o un metal precioso en un país no puede desviarse considerablemente del precio en un país vecino, el dinero de un estado fuera de sus fronteras no puede ser valorado considerablemente más alto o más bajo que en el propio estado. Su precio, como el agua en tuberías de comunicación, debe ocupar aproximadamente el mismo nivel en casa y en el exterior.

¿Eso es algo natural, cierto? Pero cuando intentamos verificar este hecho evidente, quedamos perplejos. Algo no está bien. Porque lo que vemos en realidad, querido mío, es que, de hecho, existen diferencias considerablemente grandes en la valoración. A veces, el marco es el que más paga en el exterior, otras veces menos que su valor interno. En el verano de 1920, por ejemplo, el marco temporalmente tuvo mucho más poder adquisitivo en el exterior que en Alemania. En Alemania, un marco solo podía comprar alrededor de una décima o doceava parte de lo que podía comprar con él antes de la guerra; en el exterior, por otro lado, dado que el marco estaba valorado en alrededor de 1/33 dólares o 1/7 libras en ese momento, todavía se recibía alrededor de una séptima u octava parte de la cantidad anterior de bienes. Y hoy es justo lo contrario: internamente, el marco tiene alrededor de una décimo tercera o décimo cuarta parte de su antiguo poder adquisitivo, mientras que en el exterior tiene apenas una vigésima parte; un hecho que es completamente contrario al orden natural de las cosas, al cual solo corresponde una correspondencia completa o al menos aproximada entre el valor interno y el valor externo del dinero, pero que debe tener sus razones. Porque lo que es, es razonable y consecuencia de alguna causa.

Pero tan pronto como percibimos esta anormalidad, surgen nuevos problemas. Si el valor externo del dinero alemán es mucho más bajo que su valor interno, eso significa que los precios domésticos en Alemania son más bajos que los precios correspondientes en el exterior. Como resultado, los productos alemanes deben fluir hacia el mercado mundial en cantidades enormes. Y de hecho, vemos que esto es lo que sucede hoy en día; el mundo entero se queja de la agresiva competencia alemana y busca protegerse de ella. Pero, ¿cómo es que el valor externo del marco aún no ha subido al menos al nivel del valor interno? La fuerte exportación alemana de bienes debe pagarse al resto del mundo y crear una demanda correspondiente de medios de pago alemanes en el exterior, es decir, elevar la tasa del marco al menos al nivel del valor interno del marco. ¿Por qué esto no sucede? ¿Por qué persiste la divergencia entre el valor interno y externo del marco alemán?

Seguramente me responderás, querido James, lo que casi todos responderían en tu lugar: es decir, que el valor disminuido del marco en el exterior no es un problema en absoluto, sino algo natural, porque Alemania (el Estado alemán) está increíblemente sobrecargada de obligaciones de pago y solo en junio, julio y agosto de este año tuvo que pagar 1 mil millones de marcos de oro o 19 a 20 mil millones de marcos en papel como "reparaciones" a los acreedores. Por supuesto, no estoy del todo ajeno a este hecho, y también conozco sus efectos sobre el tipo de cambio. Pero, ¿cómo es, mi estimado amigo, que el año pasado, cuando tuvimos que pagar sumas tan grandes o incluso mayores a países extranjeros por granos, algodón, cobre y otras necesidades similares, el mismo efecto no ocurrió como ahora? Si miras las estadísticas comerciales, verás que Alemania sola importó más de lo que exportó en forma de mercancías regularmente aprobadas y correctamente declaradas, por un valor de alrededor de 40 mil millones de marcos. A esto deben agregarse los innumerables miles de millones de mercancías de contrabando o introducidas clandestinamente por el "agujero en el Oeste". Tuvimos que pagar por todo esto y mucho más, ¡y en el verano de 1920, el marco estaba valorado más en el exterior que en casa! Por lo tanto, nuevamente, algo debe estar mal aquí.

Pero, sobre todo: supongamos que, por alguna razón, las reparaciones cesaran repentinamente; la historia mundial de ninguna manera se detuvo desde el Tratado de Versalles, sino que está creando constantemente nuevas y extrañas constelaciones y todo tipo de posibilidades imprevistas. Entonces, ¿cómo sería si no tuviéramos que pagar mañana? Si las reparaciones cesaran repentinamente, es difícil decir si la correspondencia entre el valor interno y externo del marco se restablecería de una sola vez. Existen otros factores perturbadores que pueden interferir con el equilibrio. Es posible que surjan otras condiciones que causen disturbios o que los eviten.

Además, si es cierto que el valor externo del marco está permanentemente devaluado en relación con el valor interno debido a las reparaciones u otras circunstancias desfavorables, ¿podría esto llevar a una guerra comercial violenta entre Alemania y los países extranjeros? Un valor interno más alto del marco significa precios más bajos para los productos alemanes, lo que resulta en exportaciones masivas y se percibe como competencia desleal en el mercado mundial, lo que lleva a medidas defensivas violentas por parte de los países extranjeros que no quieren que sus industrias sean arruinadas por esta competencia desleal. En otras palabras, un amargo conflicto en el cual las prohibiciones de importación y las tarifas prohibitivas proporcionan la munición, pero que aún así permanecerá ineficaz debido al débil valor externo del marco, que es sinónimo de endeudamiento y obligaciones de pago de Alemania, manteniendo la exportación de productos alemanes al exterior como un poderoso dispositivo de succión.

¿Se resolverá este conflicto de manera más pacífica? Esa es una pregunta compleja. Como puedes ver, mi hijo, los problemas se acumulan y se vuelven más complicados. Sin una base sólida y un conocimiento preciso de lo que es el "dinero" y qué es el "valor", especialmente el valor externo del dinero, es fácil perderse en este mar de problemas. Tan pronto como se enfrenta una ola, se acerca la próxima, aún más grande, y detrás de ella, la tercera ya se está formando. Hay que navegar con sabiduría. Para mí, como tu timonel, eso significa el deber de trabajar de manera sistemática y comenzar el ABC de la cuestión del valor no con cualquier letra, sino desde el principio, con la A. Sin la instrucción elemental, no es posible aprender los fundamentos. Sin instrucción elemental, no es posible navegar en este campo, porque incluso un pequeño error en una pregunta básica aparentemente insignificante nos lleva inmediatamente en la dirección equivocada y no nos permite encontrar el camino correcto nuevamente.

Por lo tanto, mis próximas cartas comenzarán con los fundamentos: ¿cómo se relacionan las naciones entre sí? ¿Con qué pagan? ¿Qué es el llamado "dinero mundial"? Si conocemos estas preguntas básicas, podremos continuar con confianza en el camino que conduce al verdadero problema del valor sin temor a desviarnos.

Entonces verás cómo las cosas son básicamente simples, obvias. Es lo mismo con esta rama aparentemente difícil de la ciencia económica como con las demás: todo es básicamente muy claro, y uno siempre se deriva del otro. No son las cosas las que son complicadas, es nuestra forma de abordarlas la que es complicada.

Recuerda de una vez por todas, mi hijo: lo difícil es siempre solo aquello que no podemos hacer, y lo complicado son solo aquellos problemas que no entendemos completamente.

Con amor,

Tu viejo padre.

SEGUNDA CARTA

El comercio internacional

Materias primas como el dinero internacional

Servicio de Reemplazo de Letra de Cambio

Berlín, 4 de septiembre de 1921

El Servicio de Reemplazo de Letra de Cambio es el servicio que permite el intercambio continuo y recíproco de bienes o servicios en transacciones comerciales. Ya hemos establecido esto cuando tratamos la naturaleza del dinero, llegando a la conclusión de que el dinero es en última instancia solo un representante; es decir, el representante de los bienes y servicios a los que uno tiene derecho por haber realizado algo, pero aún no haber recibido el equivalente; que el suministro de dinero es, por lo tanto, una medida provisional que será reemplazada más temprano o más tarde por un servicio o un bien. Solo cuando esto sucede, se concluye el acto de intercambio y se realiza el pago efectivo por el servicio o bien que dio origen al acto de intercambio.

No es diferente del tráfico entre los miembros de un mismo estado en comparación con el tráfico entre países. Aquí también, bienes y servicios son intercambiados por bienes y servicios. Fácilmente reconocerás esto si consideras los detalles del comercio internacional. La mayor parte está compuesta por la importación y exportación de bienes, que se registran cuidadosamente en las aduanas y en las agencias estadísticas. Otra parte está formada por los servicios de transporte e intermediación que las ferrocarriles, compañías navieras y bancos prestan a los nacionales de otros países, y que son pagados ya sea con servicios similares o con una importación correspondiente de bienes. El carácter de intercambio de estos dos principales elementos del balance comercial es evidente.

Pero todos los demás elementos también tienen este carácter de intercambio, aunque aquí no sea tan claramente reconocible, porque se ven todo tipo de documentos, en particular bonos gubernamentales y bonos privados, acciones y efectos similares, que se mueven de un país a otro, y que parecen tener un propósito diferente. De hecho, sin embargo, todos estos documentos están al servicio del intercambio internacional de la misma manera que están al servicio del intercambio interno. Veo en mis notas que ya te expliqué el 2 de enero lo que son acciones, bonos, hipotecas y todos los demás instrumentos de crédito y participación: es decir, derechos sobre casas, máquinas, acciones o sobre las empresas que poseen estas cosas. Son documentos que demuestran que ciertos bienes no son propiedad exclusiva de la persona que los dispone, sino propiedad conjunta o garantía del propietario del documento. Quien envía estos documentos envía el derecho abstracto de propiedad o garantía de ciertos bienes concretos, lo que, en sus efectos económicos, es exactamente lo mismo que si enviara esos bienes físicamente. Y cuando un individuo o una autoridad estatal envía tales documentos de propiedad o reclamo al exterior para pagar por algodón, ingresos o naranjas importados hace poco tiempo, en realidad se ha realizado un intercambio directo de bien por bien.

Además de estos documentos, que certifican una propiedad o un reclamo a largo plazo, otro tipo de documento pasa de país a país, en el cual se asegura una relación de crédito a corto plazo. En términos económicos, estos documentos no dicen más que un servicio que se prestará en el futuro, digamos, dentro de tres o seis meses, en lugar del presente, y que, por lo tanto, una mercancía que un país recibió no será pagada de inmediato, sino más tarde con otra mercancía.

Por lo tanto, en el comercio exterior de un país, los activos y pasivos no siempre se equilibran exactamente, como debería ser el caso de acuerdo con el principio de "bienes contra bienes", sino que un lado supera al otro. La diferencia se equilibra provisionalmente mediante los documentos de crédito, es decir, la promesa de un pago posterior, y mientras esto sea así y la diferencia todavía exista, una cantidad correspondiente de bienes o servicios no se ha pagado efectivamente. Tarde o temprano, sin embargo, el pago definitivo debe hacerse de la única manera posible, mediante el envío de bienes o la prestación de servicios, de lo contrario, la persona, empresa o comunidad responsable del pago cometerá un incumplimiento de confianza.

Si el intercambio normal y legal entre los países individuales siempre es un intercambio de bienes, ocasionalmente se producen relaciones anormales que escapan al ámbito de la ley. Por ejemplo, un país puede ser forzado por otro a proporcionar servicios que no son recíprocos. El ejemplo más conocido de tales procesos, en los cuales la fuerza reemplaza a la ley y condena a un país a hacer pagos unilaterales, es lo que la antigüedad llamaba 'tributo' y que hoy en día se llama de manera más engañosa 'compensación de guerra', 'reparación' o algo similar. Aquí, los países receptores desean 'dinero' del país pagador, es decir, cupones de racionamiento de bienes y servicios con los cuales pueden apropiarse de cualquier bien. Pero incluso en este caso, en el que usan la fuerza bruta, no pueden derribar la ley económica según la cual el tráfico de un país a otro ocurre exclusivamente a través del intercambio de bienes. El país condenado a pagar no tiene más que bienes o servicios para poder pagar. Incluso si aparentemente paga en dinero, es decir, paga todo el tributo a los países con derecho a recibirlo en su moneda nacional, en realidad está proporcionando bienes. Porque sabes, en la medida en que mis cartas anteriores han cumplido su propósito, que el dinero nacional es solo una orden para bienes nacionales o una garantía para esos bienes, y que solo tiene valor en la medida en que se ejerce el derecho de suscripción a los bienes nacionales incorporados en él. En los valores que se les entregan, los países que reciben el tributo simplemente reciben un cupón de bienes y servicios del país tributario, y para obtener su 'dinero', deben presentar el cupón, es decir, devolver el dinero nacional y obtener bienes o servicios a cambio.

Esto nunca ha sido tan evidente como ahora, cuando Alemania está cumpliendo con la obligación de reparaciones impuesta a ella y está cumpliendo con la demanda de los países aliados vencedores de pagar anualmente varios miles de millones de marcos en moneda estadounidense, inglesa y otras. Alemania obtiene los dólares, libras esterlinas, etc., necesarios de tal manera que compra a sus exportadores el cambio extranjero que ellos reciben como equivalente de sus exportaciones, y de sus bancos los saldos de crédito que tienen en el exterior, y los paga como tributo a los vencedores. Paga todo este cambio extranjero y saldos de crédito en dinero alemán, en marcos, que obtiene a través de impuestos, préstamos y, lamentablemente, también, hasta principalmente, a través de la impresión excesiva. Pero eso es solo el curso técnico de los acontecimientos. La situación de hecho es que Alemania paga con los bienes que sus exportadores deben exportar para obtener el cambio extranjero necesario, y con los valores, acciones y otros activos exportados, por los cuales sus bancos se ven en posesión de los créditos extranjeros urgentemente necesarios. El pago efectivo se realiza así, como todo pago de país a país, en bienes, y los países receptores, que ya han registrado con triunfo los pagos de reparación alemanes encargados como ingresos, ahora ven con horror que 'recibir dinero' no significa nada más que 'ser inundado de bienes'. Como el aprendiz de brujo de Goethe, no comprenden las implicaciones de su solicitud. Ahora no saben cómo eliminar las consecuencias imprevistas de su demanda torpe de pago y cómo proteger sus industrias de la competencia destructiva de los productos de reparación alemanes. "Dos almas habitan en su pecho: una exige '¡pagar!' la otra lamenta '¡no pagar en bienes!'

Durante siglos venideros, será una vergüenza para las finanzas europeas contemporáneas el hecho de no haber instruido a los gobiernos sobre este punto a tiempo y decirles: Ninguna persona y ninguna nación pueden pagar de otra manera que no sea en bienes o servicios. Si condenas a Alemania a varios miles de millones de marcos de oro anualmente, condenarás a los beneficiarios del pago a aceptar la cantidad correspondiente de bienes alemanes o trabajo alemán. Por lo tanto, debes aceptar bienes y trabajo, ya que el oro no se puede obtener en cantidades tan grandes y, además, sería inútil, incluso una desgracia para ti - abordaremos este punto en detalle más adelante, querido James, o de lo contrario tendrás que renunciar a toda reparación.

Nadie les dijo a los gobiernos a tiempo; pero ahora se dan cuenta por sí mismos y están tratando de contener el flujo de bienes alemanes de todas las formas posibles e imposibles. Todo esto, querido James, es solo para ilustrar el hecho de que los pagos de país a país, incluso si están estipulados en dinero, son en realidad en forma de bienes. Por lo tanto, un país endeudado con otro, y para el cual ni el acreedor ni un tercer país están dispuestos a conceder un crédito correspondiente, no tiene otra opción que exportar bienes o prestar servicios. Sin embargo, este método de pago encuentra obstáculos, especialmente si los valores involucrados son excepcionalmente grandes. Porque exportar, al igual que besar, siempre requiere a dos personas: una que exporta y otra que acepta las exportaciones. El suministro de bienes y servicios del país responsable del pago debe corresponder a una demanda del exterior, de lo contrario, la disposición para exportar no sirve al primer país; no puede exportar y, por lo tanto, no puede pagar. En este caso, el país extranjero no tiene más opción que aplazar la deuda, es decir, otorgar crédito. Sin embargo, a menudo tampoco está dispuesto a hacerlo. Hay situaciones en las que un país no puede deshacerse de sus mercancías porque son muy caras para otros países, ni puede obtener crédito porque esto parece ser un riesgo financiero para otros países. ¿Qué sucede entonces? El país deudor aún podrá pagar, o no podrá pagar, por lo que necesitará declararse en bancarrota.

Te ahorraré las ponderaciones prolongadas sobre este delicado punto, querido James, y te diré de inmediato que este dilema que acabo de esbozar aquí no existe en la realidad. Partí de una premisa imposible. Porque nunca sucede que un país extranjero no quiera aceptar las mercancías de un país deudor o no le conceda crédito. Un país deudor que realmente quiera pagar siempre encontrará compradores para sus mercancías o suficiente crédito. Esto puede parecer extraño para ti, y admito que suena extraño cuando digo que un país extranjero no es libre en sus decisiones, sino que se enfrenta a una restricción que solo le deja la opción de comprar o conceder crédito. Pero así es en realidad. Y si me preguntas: "¿Quién puede obligar a un país extranjero a comprar una mercancía que es muy cara o conceder un préstamo que parece muy arriesgado?" Te respondo: "el tipo de cambio".

El tipo de cambio es el precio de los medios de pago extranjeros - con los cuales un país puede cubrir su deuda y que recibe exportando mercancías - expresado en una cierta cantidad de sus propios medios de pago. Como los medios de pago no son nada más que promesas de mercancías, el tipo de cambio indica cuánto de la mercancía que el país deudor debe renunciar para pagar su deuda. Si el tipo de cambio es favorable, es decir, si los medios de pago extranjeros son baratos, esto significa que el país deudor no necesita agregar muchas de sus propias mercancías para cubrir una cantidad determinada. Si, por otro lado, el tipo de cambio es desfavorable, es decir, el precio de los medios de pago extranjeros es alto, el país deudor tendrá que renunciar a correspondientemente más mercancías por la misma deuda. Desde el punto de vista del país extranjero, esto significa: en el primer caso, el país extranjero está en una posición desfavorable de recibir pocas mercancías por una unidad de su moneda, es decir, de comprar caro; en el segundo caso, por otro lado, está en una posición ventajosa de recibir muchas mercancías por la misma unidad, es decir, de comprar barato. Cuanto peor esté el estado de los tipos de cambio para el país deudor, mejores serán las oportunidades de compra en este país para todo el país extranjero.

Ahora supongamos el siguiente caso, de que el país extranjero en su conjunto no quiere comprar mercancías del país deudor ni conceder crédito, y esto se hace realidad en un caso concreto. ¿Cuál sería la consecuencia? El país deudor quedaría embarazado. Ni sus exportadores podrían proporcionarle las facturas de mercancías extranjeras (cambio), ni sus bancos con los saldos de crédito extranjeros necesarios para cubrir su deuda. El país o las instituciones financieras designadas por él buscarían en vano en el mercado de cambio la cantidad necesaria de medios de pago extranjeros y, por lo tanto, inevitablemente, pagarían un alto premio a todos aquellos que pudieran y quisieran proporcionar dichos medios de pago. Por ejemplo, ofrecerían 60 o 80 marcos por billetes de dólar, que no se podrían obtener al tipo de cambio de 40 marcos por dólar. De acuerdo con la ley de que una fuerte demanda aumenta el precio cuando la oferta es insuficiente, los medios de pago extranjeros, es decir, los tipos de cambio, se volverían extraordinariamente más caros en el país deudor.

¿Cuál sería la consecuencia? Si estuvieras aquí frente a mí, mi hijo, ahora tendrías que describirme el curso posterior de los eventos, ya que todo se desarrolla de manera bastante lógica a partir de hechos que ya conocemos. Pero como lamentablemente no puedo escuchar tu explicación a distancia, tengo la necesidad de seguir el hilo lógico por mí mismo.

Por lo tanto: Hemos visto que tipos de cambio

desfavorables del país deudor significan una oportunidad para todo el país extranjero, es decir, la oportunidad de comprar mercancías más baratas en el país deudor. Supongamos que el precio de una determinada máquina alemana es de 400,000 marcos. Con un tipo de cambio de 40 marcos por dólar, esto equivaldría exactamente a 10,000 dólares. Si el tipo de cambio en Berlín empeora a 80, la misma máquina costará al importador estadounidense solo la mitad, es decir, 5,000 dólares. Y si el precio de 10,000 dólares parecía demasiado alto para que él compre la máquina, probablemente no considerará que el precio de 5,000 dólares sea demasiado alto.

De este punto se desprende el teorema: El empeoramiento del tipo de cambio, con el precio doméstico permaneciendo sin cambios, aumenta la propensión a comprar en el exterior y provoca un aumento en las exportaciones.

Ahora hay dos posibilidades: O el aumento del tipo de cambio del dólar de 40 a 80 marcos (y un aumento correspondiente en todos los demás tipos de cambio) es suficiente para despertar la inclinación hasta ahora ausente de los países extranjeros a comprar y estimular las exportaciones en la medida necesaria: entonces el país deudor, en este caso Alemania, encontrará la cantidad necesaria de cambio extranjero para pagar su deuda. Porque cada mercancía exportada naturalmente le trae una cantidad de medios de pago extranjeros correspondiente a su precio. El tipo de cambio habrá cumplido entonces su deber. O, segunda posibilidad: a pesar del fuerte aumento del tipo de cambio, las exportaciones no aumentan lo suficiente, ya sea porque la reducción de los precios de las mercancías no es suficiente para los importadores extranjeros, o porque las naciones extranjeras han impuesto altos aranceles aduaneros a las mercancías alemanas. Entonces, Alemania, el pagador, aún faltará una parte del cambio extranjero necesario, la demanda de medios de pago extranjeros en el mercado de cambio continuará y empujará aún más los tipos de cambio. El tipo de cambio del dólar entonces no se detendrá en 80 marcos, sino que subirá a 100, 120 o incluso más. De esta manera, los tipos de cambio empeorarán tanto tiempo, o, lo que es equivalente, los precios de las mercancías alemanas se volverán más baratos para los países extranjeros a tal punto que toda la renuencia de los importadores extranjeros y todas las tarifas de las negociaciones extranjeras, no importa cuán altas sean, finalmente se superen, las mercancías alemanas inundarán los países extranjeros en un flujo amplio, y Alemania obtendrá así la cantidad necesaria de cambio extranjero. Si los países extranjeros quisieran poner fin a esta caída de las mercancías alemanas, que amenaza sus industrias, no tienen otra opción que aliviar a Alemania de la necesidad de comprar cambio extranjero, es decir, concederle los créditos necesarios.

De esta manera, querido James, la lógica interna de las cosas, a través del tipo de cambio, obliga al país extranjero a permitir que el país deudor pague su deuda en mercancías o le conceda un plazo para esa deuda. No hay otra posibilidad. Aunque supongamos que sea concebible que el mundo entero se una unánimemente contra las mercancías del país deudor, prohibiendo las importaciones y negándose unánimemente a conceder cualquier crédito, una condición que cualquier profesional se reiría, las mercancías alemanas aún penetrarían en el extranjero de formas furtivas y en disfraces más extraños.

El poder de un tipo de cambio barato es absolutamente insuperable, y mientras un país deudor desee pagar, ningún poder en la tierra puede impedirle pagar de la única manera concebible, en el comercio de país a país, es decir, entregando mercancías.

Así, vemos que el papel mediador desempeñado por el dinero en el comercio interno es desempeñado por la letra de cambio en el comercio internacional. Pero la letra de cambio es tan poco un medio de pago definitivo como el dinero. Al igual que el dinero, es más bien un medio provisional, un sustituto, que representa la mercancía (en el sentido más amplio, incluyendo todo tipo de servicios) hasta que ella, que constituye el único objeto de todo el tráfico, permita ser reemplazada por dinero, que entonces la sustituye nuevamente. La letra de cambio, por lo tanto, en contraste con el dinero, es una medida provisional de segunda categoría, que tiene la misma relación con el dinero que este tiene con las mercancías.

Esto es todo por hoy.
Con amor,
Tu viejo padre.

TERCERA CARTA

La Balanza Comercial

El oro como mercancía internacional

El oro y sus tres propiedades

Berlín, 6 de septiembre de 1921

Vimos, querido James, que el tipo de cambio, que expresa el valor del dinero de un país en unidades del dinero de otro país, depende completamente de la balanza de pagos del país: mejora cuando el país tiene más demanda que pagar y empeora cuando ocurre lo contrario. Pero también vimos que el tipo de cambio no solo registra el estado de la balanza de pagos, sino que al mismo tiempo lo corrige, estableciendo el nivel de precios en los países acreedores y deudores de tal manera que sea posible la exportación de bienes desde los países deudores hacia los países acreedores y, de esta manera, equilibrar la balanza de pagos.

De esto se desprenden varias conclusiones importantes. En primer lugar, la favorabilidad o desfavorabilidad de los tipos de cambio no depende exclusivamente de que un país tenga muchas deudas con otros países, pocas deudas o no tenga deudas, sino de lo fácil o difícil que sea para él, en un caso específico, liquidar un saldo de deuda exportando bienes o hacerlo irrelevante en el momento recurriendo a crédito. Un país puede manejar fácilmente un alto saldo de deuda, mientras que otro enfrenta dificultades incluso para liquidar un saldo pequeño: esto es una cuestión de capacidad de exportación y solvencia. En consecuencia, en un país, una pequeña deterioración en el tipo de cambio es suficiente para producir el efecto deseado, mientras que en otro país se requiere una deterioración considerable en el tipo de cambio para eliminar una responsabilidad de pago relativamente insignificante de la balanza de pagos.

En segundo lugar, seguirá siendo más fácil para un país pagar una deuda en el extranjero y sufrir menos con las fluctuaciones en los tipos de cambio, cuanto más posea ciertos bienes que sean excelentemente adecuados para fines de exportación. Los tipos de cambio tienen la tarea de dar forma al valor de las monedas nacionales individuales y, por lo tanto, la relación de precios entre los países, de acuerdo con lo que exige el estado de la balanza de pagos. Cumplirán esta tarea con mayor facilidad y rapidez cuanto más móviles sean las mercancías que se mueven de país a país como intermediarias para la liquidación de pagos. En el país que posee las mercancías más móviles, es decir, aquellas que son preferidas en cualquier lugar, o que tienen un crédito ilimitado, incluso una pequeña mejora o empeoramiento en los tipos de cambio establecerá el equilibrio en la balanza de pagos.

En tercer lugar, las mercancías que principalmente deben provocar el ajuste de la balanza de pagos a través de su exportación e importación deben tener otra cualidad además de su gran movilidad. Recuerda, querido James, cómo el tipo de cambio elimina el saldo pasivo del país deudor. Lo hace haciendo que, a través de su propio movimiento, el precio promedio de las mercancías exportables del país deudor sea más barato para el país extranjero. Si la cotización del dólar en Berlín sube de 40 a 80 marcos, un lote de tintes alemanes que costaba 1200 marcos no cuesta más 30 dólares para el estadounidense, sino solo 15 dólares. Aunque el precio en marcos ha permanecido sin cambios, se ha reducido a la mitad para el estadounidense. Sin embargo, al mismo tiempo, mi hijo, te das cuenta a partir de este ejemplo que esta reducción de precio ocurre solo bajo una condición muy específica; es decir, solo si las mercancías en cuestión, en este caso, los tintes, mantienen su antiguo precio en marcos y no aumentan de precio. Porque si los tintes no cuestan más 1200 marcos en Alemania, sino que aumentan a 1800 marcos, el estadounidense perderá la mitad de la reducción. Y si suben a 2400 marcos, no habrá reducción de precio alguna.

Por lo tanto, las mercancías que equilibran la balanza de pagos no solo deben ser muy móviles, sino también muy estables en precio. No deben volverse más caras, o al menos no considerablemente más caras, en el momento en que surge la demanda extranjera por ellas. La mercancía ideal sería aquella que, cuando surge la demanda extranjera, no solo no aumente su propio precio doméstico o el nivel general de precios domésticos, sino que, por el contrario, lo reduzca. En ese caso, la mercancía de exportación se abarataría para el país extranjero no solo por la cantidad del aumento en el tipo de cambio, sino también por la caída en el nivel de precios domésticos. En ese caso, no sería necesario un agravamiento particularmente perceptible del tipo de cambio, ya que el propósito de ese agravamiento, es decir, el abaratamiento de la mercancía de exportación, ya estaría parcialmente cumplido por la caída en el precio de la mercancía en el país de origen, y el tipo de cambio estaría así aliviado. Por lo tanto, para volver a nuestro ejemplo, si el precio de los tintes disminuyera de 1200 marcos a 900 marcos, el tipo de cambio del dólar no necesitaría subir a 80 marcos, sino solo a 60 marcos, para inducir a los estadounidenses a comprar; ya que 900 marcos a la tasa de conversión de 60 marcos, arroja el mismo precio en dólares que 1200 marcos a la tasa de 80, es decir, 15 dólares.

Ahora puedo ver, querido James, cómo tu rostro se contrae en una sonrisa porque estás pensando: '¡Me gustaría conocer las mercancías que se abaratan en el momento en que los países extranjeros comienzan a comprarlas, o que incluso reducen el nivel de precios en general en el país! Ya he aprendido mucho que cuando comienza la demanda, el precio de una mercancía aumenta y no disminuye. No hay duda de que si el tipo de cambio del dólar en Berlín empeora y los americanos comienzan a comprar tintes alemanes como resultado, el precio de los tintes aumentará de 1.200 a 1.800 marcos o incluso más, pero no caerá a 900 marcos. La premisa de que los precios disminuirán con el aumento de la demanda es un absurdo, una imposibilidad lógica, y mi viejo padre parece haber caído en un error fatal de pensamiento aquí'. Apuesto 10 a 1, mi querido, que este es tu razonamiento al leer estas líneas.

Pero tu viejo padre, a pesar de sus años, todavía piensa con bastante claridad y sabe lo que dice y escribe. En principio, por supuesto, tienes razón: la creciente demanda eleva los precios, no los reduce, y debe ser muy extraño que las mercancías conduzcan a una reducción de precio en el momento en que se envían al extranjero y, por lo tanto, se vuelven escasas en el país de origen. Pero existen mercancías tan peculiares. Y, sobre todo, hay una mercancía de estas características con la que estás muy familiarizado, tanto en la práctica por tu propia experiencia como teóricamente a partir de mis cartas anteriores: el oro.

El oro es la mercancía que no solo une de manera más perfecta las dos cualidades más valiosas de toda mercancía de exportación, es decir, la movilidad y la estabilidad de precios, sino que también posee la característica especial de tener un efecto depresivo en los precios tan pronto como está en alta demanda y se envía al extranjero. Y pronto te darás cuenta de dónde proviene esta acumulación de cualidades valiosas en el oro.

En primer lugar, está su gran movilidad. Sabes que la mayoría de los estados civilizados de alguna manera han vinculado su sistema monetario al oro, aunque el dinero, que conoces como un título legal que garantiza al titular el derecho a una consideración correspondiente a una actuación anterior, no necesita en sí mismo una conexión con el oro.

Ha sucedido en la práctica que el dinero, en cuanto consiste en oro o puede ser intercambiado por oro en cualquier momento, cumple su función más importante mucho mejor que cuando esto no ocurre. La función más importante del dinero, como sabemos, es ajustar el valor de la consideración que contiene exactamente al valor de la consideración anterior, es decir, garantizar que el nivel de precios en el país se mantenga lo más perfectamente posible. Y no hay mejor manera de lograr esta estabilidad que identificar el dinero, que mide y expresa los precios, con el oro, que por muchas razones está sujeto a menos fluctuaciones de valor que otras mercancías.

No es necesario entrar en los motivos de este alto aprecio por el oro en su conexión indivisible con el dinero. Es suficiente que consideres el hecho de que el oro es considerado igual que el dinero nacional en todos los países civilizados, porque puede ser convertido en cualquier moneda en cualquier momento. Porque este hecho es la verdadera razón de la extremadamente grande, casi ilimitada movilidad del oro. Un país que posee cantidades suficientes de este metal tiene una mercancía con la cual siempre puede y en todas las circunstancias cubrir un saldo deficitario en su balanza, sin tener que estimular el apetito de compra de los países extranjeros ofreciendo una reducción de precio. Siempre habrá suficiente poder de compra para el oro.

El hecho de que este poder de compra no solo exista en sí mismo, sino que también se produzca bajo condiciones bastante definidas, inmutables y conocidas en todas partes, constituye la segunda ventaja de la mercancía "oro", es decir, su estabilidad de precios. Siempre se puede contar que el oro será aceptado al precio que corresponde a la tasa legal por la cual puede ser convertido en la moneda nacional de mayor valor, es decir, el dólar en el momento. No caerá por debajo de ese precio, incluso si se ofrece en grandes cantidades. El país que posee suficiente oro, por lo tanto, no solo puede cubrir fácilmente su balanza de pagos con él, sin tener que hacer concesiones en cuanto al precio de esa mercancía de exportación, sino que también puede prescindir del estímulo del aumento del tipo de cambio. En el caso de cualquier otra mercancía de exportación, se debe despertar o reforzar la inclinación del comprador extranjero a comprar mediante la depreciación del valor de la moneda del país deudor a través de la tasa de cambio, lo que hace que los precios fijados en esta moneda sean más bajos para el extranjero, aunque no se hayan reducido internamente. En el caso del oro, no es necesario este aumento en la propensión a comprar, ya que es ilimitado de todas formas. Por lo tanto, si un país que posee oro necesita realizar grandes pagos en el extranjero, no necesita buscar ansiosamente cambio extranjero, aumentar su tasa a través de su demanda y reducir el valor de su propia moneda nacional en consecuencia, hasta que finalmente el país extranjero se declare dispuesto a comprar la mercancía nacional muy rebajada, sino que puede obtener el cambio extranjero necesario enviando oro al extranjero. Porque ese oro recibirá el cambio extranjero necesario para cubrir su deuda, sin aumento del tipo de cambio y sin deterioro de la moneda nacional.

"¿Pero hay algún país que tenga a su disposición cantidades enormes de oro necesarias para cubrir cualquier saldo de pagos, por grande que sea?" Esta pregunta es tan obvia que me ofendería mucho, querido James, si no quisieras hacerla. Ciertamente, hay muchos países que no tienen cantidades tan grandes de oro. Alemania, por ejemplo, no está en posición de cubrir los pagos de reparaciones de un solo año con sus reservas de oro, aunque más de mil millones de marcos en oro puro estén depositados en el Banco del Reich. Pero no debes concluir de eso que un stock de oro de esa magnitud sería insuficiente para liquidar una deuda de 3 1/2 o 4 mil millones de marcos de oro en todas las circunstancias. En circunstancias normales, una fracción muy pequeña de ese stock de oro es suficiente para permitir pagos aún mayores. El hecho de que esto no sea así en Alemania hoy en día se debe exclusivamente al hecho de que aquí no prevalecen condiciones normales, ya que el sistema monetario alemán está completamente debilitado y que el oro alemán ha perdido completamente la tercera y más valiosa propiedad del oro. Y esta propiedad del oro de generar presión de precios en el país exportador cuando se exporta. Aquí llegamos a un punto tan importante que te pido que leas lo siguiente con la mayor atención.

Un país en el que prevalece el patrón oro, es decir, cuya moneda nacional consiste en oro o es convertible en oro en cualquier momento, como era el caso en Alemania antes de la guerra, puede pagar cualquier cantidad de deuda a países extranjeros sin que el tipo de cambio suba por encima del llamado "punto superior del oro". Esta es la tasa de cambio en la que es más ventajoso enviar oro al extranjero y así crear créditos extranjeros correspondientes que comprar moneda extranjera en el mercado de divisas. En Alemania, el precio normal de una libra esterlina solía ser de 20,43 marcos, porque en un soberano inglés por 43 peniques contenía, o contiene, más oro que una moneda alemana de veinte marcos. El "punto superior del oro" desviaba de esta paridad solo en alrededor de 6 o 7 peniques; es decir, la tasa de cambio en Londres normalmente no podía - desviaciones ocasionales son irrelevantes aquí - exceder los 20,50 marcos.

¿Por qué no?

Porque cualquier empresa importadora o banco que pagara más de 20,50 marcos por una libra esterlina habría tirado dinero por la ventana. Por 20,50 marcos podrían retirar del Banco del Reich la cantidad de oro necesaria y enviarlo a Londres para que se acuñara un soberano, equivalente a una libra esterlina, a partir del oro. Y si alguien puede obtener una libra esterlina en oro por 20,50 marcos y usarla para el pago, ciertamente está actuando tontamente si gasta más que ese valor para comprar una letra de cambio en Londres, que como máximo tiene el mismo valor que esa libra esterlina en oro.

Por lo tanto, donde prevalece el patrón oro, el precio de las letras de cambio extranjeras nunca puede subir mucho por encima de la paridad, es decir, por encima del valor en oro de una moneda extranjera expresada en moneda nacional. Porque en cuanto la tasa de cambio muestra una tendencia a exceder la paridad en más de un tercio de uno por ciento, que es aproximadamente la pérdida de flete, intereses y seguro de una transacción de lingotes de oro, es decir, a exceder el punto superior del oro, todo el mundo comercial sabe que es más ventajoso para él exportar oro que comprar divisas extranjeras. Inmediatamente comienza la exportación de oro, mientras que la demanda de divisas extranjeras cesa. Un aumento en el tipo de cambio por encima del punto superior del oro, también llamado punto de exportación de oro, es una imposibilidad en un país con un patrón oro saludable, como era el caso en la mayoría de los antiguos países industrializados antes de la guerra, de modo que si el punto de exportación de oro es superado en un país, eso es una señal inequívoca de que el país se está alejando del patrón oro. No puede ser de otra manera que el banco estatal no redima prontamente la moneda nacional en oro cuando se solicite. Por lo tanto, los países con patrón oro pueden pagar fácilmente sus deudas extranjeras en cualquier momento por varias razones. Primero, poseen un producto altamente móvil, el oro, que puede salir y volver cuando lo deseen, ya que todos los países lo aceptan como pago. En segundo lugar, poseen un producto, el oro, cuyo precio es estable y cuya valoración no fluctúa considerablemente ni interna ni externamente.

Esto no cambia en su propio país, ya que aquí se acepta a voluntad como moneda nacional o se cambia por ella, y por lo tanto, nunca puede valer más o menos que su equivalente fijo en moneda nacional. Y su valoración por países extranjeros no fluctúa, o fluctúa solo de manera insignificante, porque las tasas de cambio, cuya mejora o deterioro representa un aumento o reducción en el precio de todas las mercancías, están ancladas entre el punto alto y el punto bajo del oro (punto de exportación y punto de importación de oro) y solo pueden oscilar hacia adelante y hacia atrás en el pequeño espacio entre estos dos puntos.

Por estas razones, los países con patrón oro pueden hacer cualquier pago en el extranjero, sin importar cuán alto sea. Pero no debes creer que las deudas extranjeras de un país con patrón oro se pagan de manera primitiva, con el país desembolsando todo el valor de la deuda en oro físico. Esto es, evidentemente, una imposibilidad total, ya que ningún país tiene tanto oro como sería necesario para pagar toda esa deuda. En realidad, las deudas extranjeras se cubren de manera completamente diferente, de una manera técnicamente muy interesante y altamente instructiva para la teoría monetaria, en la que los países con patrón oro se benefician de una tercera propiedad muy importante del oro como mercancía. Esta es la propiedad del oro, que ya he mencionado, de generar una presión general de precios cuando sale del país con patrón oro.

Ahora que el concepto y la esencia del dinero ya no son un misterio para ti, puedo explicar el proceso en pocas palabras. En un país donde prevalece el patrón oro, el oro disponible, ya sea en circulación, en los bancos o en el tesoro estatal, forma parte del dinero nacional. Pero ahora recuerdas que el valor del dinero nacional y, por lo tanto, el nivel de precios en el país, dependen absolutamente de la cantidad de dinero. Por lo tanto, si el oro sale del país, la cantidad de dinero disminuye, lo que inevitablemente tiene la consecuencia de que el valor de esa cantidad restante de dinero, su poder adquisitivo, aumenta o, dicho de otra manera, el nivel de precios en el país disminuye. Exportar oro significa, por lo tanto, una disminución en los precios.

En esta propiedad del oro de reducir el nivel de precios

cuando sale de un país con patrón oro, debemos ver la palanca que cambia la economía del país de tal manera que ahora es capaz de hacer cualquier pago, incluso un pago de magnitud mayor, al país extranjero. No es con el oro que el país paga: la cantidad pagada en oro siempre representa solo una pequeña parte de la deuda. En cambio, el pago se realiza con las mercancías que, mediante la salida de una parte relativamente pequeña del dinero del país, se vuelven tan baratas que estimulan el poder de compra del país extranjero. Así, una pequeña y relativamente inofensiva exportación de oro tiene exactamente el mismo efecto que una grave deterioración en el tipo de cambio y es suficiente - pequeñas causas, grandes efectos - para permitir que el país pague las sumas más significativas imaginables, siempre y cuando su producción sea eficiente. Por lo tanto, no es la emisión de oro como tal lo que es el factor curativo que permite que el país se recupere de un saldo pasivo de pagos, sino la emisión de oro en su capacidad de regulador de precios. En esta capacidad, similar al tirador de un globo, abre una válvula en caso de necesidad, a través de la cual las mercancías pueden fluir hacia el exterior en cantidades suficientes para cubrir la deuda del país.

Pero se debe tener en cuenta que solo en países con patrón oro una exportación de oro tiene el efecto beneficioso de permitir que el saldo de pagos se equilibre sin una deterioración pronunciada en las tasas de cambio y, por lo tanto, una caída en la moneda nacional. En países cuyo sistema monetario está desconectado del oro, incluso una exportación de oro por miles de millones no tiene otro efecto que no sea el que tendría la exportación de cualquier otra mercancía. En estos países, la reducción de precios promovida por la exportación no proviene del oro, sino de la tasa de cambio; el endeudamiento pesado aquí es idéntico a la miseria monetaria y sus consecuencias desastrosas desde un punto de vista ético, social y político. El temor a esta miseria y sus consecuencias, querido James, y no algún tipo de prejuicio teórico sobre la moneda o una "fiebre por el oro", es una de las muchas razones válidas por las cuales los países siempre luchan instintivamente por volver al patrón oro, como el animal hacia el comedero, una vez que le han dado la espalda por necesidad o falta de comprensión...

¡Uf! La pluma se me está cayendo de la mano. Lee esta larga carta dos veces, querido James, porque su contenido forma el verdadero cuadro de toda la cuestión de la moneda. Y con eso, ¡buena noche!

Tu padre,
extremadamente cansado.

CUARTA CARTA

Moneda de oro y papel moneda

Oro, Cartas de Crédito y Balanza de Pagos

La 'cobertura' corta de oro

Berlín, 10 de septiembre de 1921

En mis cartas del último invierno, querido James, te expliqué por qué cada país se beneficia al adoptar el patrón oro, aunque, en teoría monetaria pura, cualquier otra moneda cumpla exactamente el mismo propósito. La razón principal era que la identificación del sistema monetario con el oro protege al país de la arbitrariedad de su gobierno. La experiencia ha demostrado que los gobiernos están fácilmente inclinados a violar la ley fundamental según la cual solo se puede crear dinero real de valor estable y retirarlo de circulación, y a utilizar sus poderes para crear dinero a su antojo en beneficio de intereses específicos. Este perjuicio no es posible en un país donde el dinero consiste en oro o está respaldado por él y puede ser intercambiado por él. Pero ahora hemos aprendido una segunda razón, igualmente importante, que hace que el patrón oro sea superior a cualquier otra moneda: es decir, el hecho de que un país con patrón oro puede mantener su equilibrio de pagos incluso bajo las condiciones más desfavorables sin exponer las tasas de cambio, es decir, la relación del valor de su propia moneda con el valor de la moneda de otros países, a fuertes fluctuaciones y, por lo tanto, afectar todos los fundamentos comerciales, productivos y sociales del país.

Es cierto que incluso en un país con patrón oro, el pago de una cantidad de deuda excepcionalmente grande a un país extranjero no ocurre sin perturbaciones internas. Si un país, por ejemplo, como resultado de una guerra perdida, se ve obligado a pagar sumas enormes a otro país sin ninguna consideración, eso es una desgracia nacional que no puede ser eliminada ni siquiera por la mejor moneda. Pues, dado que cada pago de un país a otro debe hacerse en bienes, la operación equivale, en todas las circunstancias, a que el país pagador tenga que renunciar a ciertos bienes de valor de capital, uso o afecto en favor del país receptor, imponiendo así privaciones sobre sí mismo. Pero incluso si el patrón oro no puede eliminar las consecuencias embarazosas de una fuerte obligación de pago, aún puede aliviarlas considerablemente.

Hemos visto que la exportación de oro, con la cual un país con patrón oro cubre una pequeña parte de su obligación de deuda, adquiere la mayor parte restante de la suma de la deuda básicamente de la misma manera que la tasa de cambio lo hace en un país con moneda fiduciaria sin respaldo: es decir, reduciendo los precios en el país pagador hasta que el país extranjero compre bienes a precios reducidos o, para reducir el indeseado suministro de bienes, otorgue crédito. La exportación de oro crea esta presión sobre los precios, de manera más visible y obvia que la tasa de cambio, y llama la atención de la población hacia esta presión sobre los precios, que puede fácilmente convertirse en una crisis para sectores individuales. Deprime, reduciendo el poder adquisitivo en el país y, por lo tanto, la presión sobre los precios. Presiona directamente los precios, reduciendo el poder adquisitivo en el país y, por lo tanto, la demanda interna, mientras que el deterioro de la tasa de cambio lo hace solo de manera indirecta, de manera furtiva, por así decirlo. Pues la mala tasa de cambio abarata la mercancía al restar parte del valor de la moneda nacional, en la cual se expresan los precios. El país extranjero, que ahora está en condiciones de comprar la moneda nacional a bajo costo y, con su ayuda, también adquirir las mercancías a precios reducidos, aunque su precio nominal haya permanecido sin cambios, percibe rápidamente la presión sobre los precios que ha ocurrido y se aprovecha de ella. Por otro lado, el mercado interno es fácilmente engañado por el precio nominal inalterado de las mercancías, creyendo que todo ha permanecido igual en el mercado interno y que solo el valor de su moneda se ha deteriorado por alguna razón. El hecho de que este deterioro del valor del dinero sea solo otra expresión de la verdadera caída en el precio de la mercancía es reconocido solo por algunas personas que han sido educadas en teoría monetaria, pero nunca por la gran masa de la población.

Sin embargo, aunque la exportación de oro en un país con patrón oro muestra su efecto depresor de precios de manera más abierta, todavía es un medio mucho más suave y conveniente para efectuar grandes pagos extranjeros que la depreciación de la tasa de cambio en los países con moneda fiduciaria, que tiene un efecto clandestino. Pues logra el objetivo de llevar rápidamente las mercancías nacionales a la exportación a un nivel de precios relativamente más alto que el impulso proveniente de la tasa de cambio.

Esto se debe a que los países extranjeros están mucho más dispuestos a comprar en un país con una moneda saludable y estable que en un país cuya moneda está sujeta a fuertes fluctuaciones. Dado que el importador extranjero nunca sabe cuál será la tasa de cambio del país exportador con moneda fiduciaria en el momento en que se envían las mercancías solicitadas, que a menudo deben fabricarse primero, no sabe cuál será el precio efectivo de la mercancía solicitada para él, por lo que debe asumir un riesgo considerable e incluirlo en sus precios.

Otro riesgo considerable surge del hecho de que ni siquiera sabe si las mercancías solicitadas serán entregadas. Pues en un país con un valor monetario en constante cambio, siempre hay disputas salariales, huelgas e inestabilidad social, lo que dificulta o imposibilita que el fabricante cumpla con los términos acordados de entrega.

En un país así, por lo tanto, los países extranjeros no comprarán si el precio de las mercancías está solo ligeramente más bajo. Por el contrario, la caída de los precios debe ser tan considerable que compense ampliamente al comprador por todos los riesgos mencionados y cualquier otro riesgo; es imposible para mí enumerarlos todos para ti. La depreciación de la tasa de cambio, por lo tanto, debe continuar mucho más allá y deprimir los precios de las mercancías para el extranjero mucho más profundamente de lo que parece necesario a partir de una mera comparación numérica de los precios nacionales y extranjeros.

Por otro lado, la exportación de oro en países con patrón oro alcanza su objetivo tan pronto como empuja el precio nacional un poco por debajo del precio del mercado mundial. Pues aquí no hay peligrosas fluctuaciones en la tasa de cambio que deben tenerse en cuenta en el precio, y los demás riesgos del comprador extranjero son inexistentes o infinitamente menores que en los países con moneda fiduciaria. Aquí, por lo tanto, se necesita una presión de precios mucho menor para aumentar las exportaciones nacionales en la medida exigida por la balanza de pagos. Sin embargo, esto también está asociado con una disposición mucho más rápida, mayor y más flexible para otorgar préstamos por parte de los países extranjeros. Pues cuanto más rápido e intensamente se deprecian las mercancías del país deudor en el extranjero y compiten con las industrias locales, más pronto decide el país extranjero otorgar los créditos necesarios y liberar al país deudor de la onerosa exportación, y estos créditos se otorgan no solo al país con patrón oro con más facilidad, sino también en mayor medida y en términos mucho más favorables que a los países con moneda fiduciaria, porque aquí también los riesgos asociados a la tasa de cambio dejan de existir y un país con patrón oro es casi siempre un deudor más seguro que un país con moneda fiduciaria, en el cual inevitablemente se corrompe una vez que las tasas de cambio comienzan a jugar con el valor de la moneda nacional y los precios debido a la balanza de pagos.

La superioridad del patrón oro sobre la moneda fiduciaria, que está a merced de gobiernos incomprensibles y regularmente conduce a la inflación, es, por lo tanto, inmensamente grande desde el punto de vista de la política comercial, financiera y de pagos. E incluso si el patrón oro puede ser dispensado para el tráfico interno en un país gobernado de manera racional, donde las personas saben qué es el dinero, es indispensable para el tráfico exterior si el país no quiere estar en una seria desventaja con respecto a sus competidores en el mercado internacional de bienes, capital y crédito. Es por eso que muchos países que no pueden permitirse tener una moneda totalmente en oro han optado por adoptar una moneda fiduciaria respaldada por oro, es decir, calculan y pagan en papel moneda internamente, pero en oro en el extranjero. Solo te recuerdo a Argentina y Brasil: la India, con su base de plata o papel moneda respaldada por plata y sus reservas en oro, también encaja aquí.

No estoy seguro si nuevamente me tomas por sorpresa con la pregunta: "¿La cantidad de oro disponible es suficiente para permitir que todos los países adopten la moneda de oro, incluso si es solo una moneda de oro marginal?" La pregunta, si realmente la huesas, sería extraordinariamente ingenua, pero eso no impide que los estudiosos se ocupen seriamente de ella y se rompan la cabeza con la "oferta de oro insuficiente". En resumen, el oro nunca puede ser insuficiente por una razón muy simple: es el sujeto, no el objeto, del sistema monetario, es decir, porque la necesidad de dinero depende de él, del oro, y, por lo tanto, el oro no necesita depender de la necesidad de dinero.

En los países con moneda de oro, el dinero recibe su valor real del oro, con el que es idéntico. Si el oro está en alta demanda y, por lo tanto, caro, la unidad monetaria que contiene o representa tantos gramos de oro también se volverá cara y ejercerá un poder adquisitivo correspondiente.

Por lo tanto, si -y sabes que soy amigo de las ilustraciones- el oro estuviera pronto en una demanda excepcionalmente alta, porque todos los países pecadores en relación con el dinero dijeran "pater peccavi" (padre, he pecado) y quisieran volver a la honestidad monetaria, la consecuencia sería que el oro aumentaría de valor, digamos al doble de su valor actual, y que, por lo tanto, recibiríamos el doble de mercancías por un soberano inglés de lo que recibimos actualmente. En otras palabras, si hubiera solo la mitad del oro que todos los países desearían tener, los precios de las mercancías en los países con moneda de oro caerían un 50%, para que cada país ahora se contentara con la mitad de la cantidad de oro que originalmente quería tener y necesitaría de acuerdo con el antiguo estándar de precios. El cambio de valor del propio oro garantiza que la demanda de los países se adapte a la cantidad de oro disponible y se contente con ella, sin importar cuán grande o pequeña sea esa cantidad.

Pero incluso si esto no fuera cierto, la preocupación de que el mundo pueda enfrentar algún día una grave escasez de oro seguiría siendo una fantasía. Muchas veces se creyó que estábamos al borde de esta calamidad o incluso en medio de ella. Repetidamente, en las últimas tres o cuatro décadas, la gente lamentaba la "reserva insuficiente de oro", por lo que se podría asumir que el valor del oro se duplicó o triplicó en este período debido a una fuerte demanda con suministros escasos, y que los precios cayeron a la mitad o un tercio. En realidad, sin embargo, cuando pienso en los buenos y viejos tiempos de mi juventud, me doy cuenta de que los precios en los países con moneda de oro se han vuelto más caros de década en década, es decir, el oro se ha vuelto más barato. Concluyo con esto que el oro no puede escasear; al contrario, atiende la demanda mucho más abundantemente hoy que hace algunas décadas. Y, de hecho, las estadísticas de metales preciosos nos dicen que, de década en década, se han procesado cantidades crecientes de oro industrialmente, lo que no habría sucedido si la necesidad de los países por monedas no hubiera sido totalmente satisfecha.

Las demandas de oro de un país con moneda de oro suelen ser exageradas de manera ultrajante y, sobre todo, las personas tienen ideas fantásticas sobre las cantidades de oro necesarias para mantener el equilibrio de pagos. En realidad, Inglaterra, que antes de la guerra no solo era el estado comercial más grande, sino sobre todo, el mercado de capitales más importante, pudo mantenerse con un stock centralizado de oro promedio de 35 millones de libras esterlinas. (Al comienzo de la guerra, el Banco del Reich alemán poseía alrededor de 1300 millones de marcos en oro, es decir, considerablemente más). Y este suministro de oro casi nunca fluctuó en más de diez millones de libras esterlinas por año; con esta cantidad mínima, que ocasionalmente pudo haber sido aumentada ligeramente por las reservas privadas de oro, Inglaterra pudo financiar el mundo entero.

La razón te resultará familiar: se basa en las tres propiedades del oro que describí en mi carta anterior; en particular, en la tercera, que cuando el oro sale de un país con moneda de oro, crea una presión de precios aquí que fortalece la exportación de bienes, de manera que la mayor parte de todos los pagos se realiza inmediatamente en bienes, o en la expectativa de una exportación posterior de bienes, se atiende provisionalmente mediante créditos. Cuanto más confiable sea la moneda de oro de un país y mayor sea la confianza de los países extranjeros en ella, menor debe ser la presión de precios que desencadena las exportaciones y créditos necesarios, y en consecuencia, menor debe ser la respectiva exportación de oro y, posteriormente, el stock de oro del país.

Una moneda de oro confiable - ¡recuerda esto, hijo mío! - no se reconoce por un gran stock de oro, sino por el hecho de que la balanza de pagos del país puede mantenerse en equilibrio con relativamente pocas exportaciones de oro, y que el oro que salió regresa cuando se restablece el equilibrio perturbado.

Ahora, seguramente querrás saber por qué y por qué medios el oro vuelve a su país de origen cuando cumple su tarea de ser el mediador para la exportación y el crédito. Un poco más de paciencia, hijo mío, y también lo sabrás. Por hoy, debo interrumpir la conversación.

Con amor,
Tu viejo padre.

QUINTA CARTA

'Commodities' de Bienes Generales y Bienes Especiales 'Oro'

Precio, Interés y Arbitraje

Berlín, 15 de septiembre de 1921

¿Qué es el 'dinero mundial', querido James? Cuando los economistas y financieros utilizan esta expresión, siempre se refieren al oro. ¿Pero es esto correcto? ¿Realmente se hacen los pagos entre países en oro? Hemos visto que esto generalmente no es así, que solo se realizan pagos muy insignificantes en oro. También hemos visto que en este tipo de regulación de picos, el oro cumple su principal función no como medio de pago internacionalmente valorado, es decir, como una especie de dinero mundial, sino como un componente de la moneda en el país exportador de la moneda-oro, es decir, como dinero doméstico. Al salir del país, el oro reduce la oferta monetaria, reduciendo así el nivel de precios y creando las condiciones para que el país pueda cumplir con sus obligaciones de pago de otra manera que no sea a través del racionamiento de oro.

Entonces, el oro no puede ser llamado dinero mundial, solo es su indicador. Pero ¿qué debemos considerar entonces como el medio de pago mundial en el que los países ajustan sus deudas y reclamaciones? Probablemente me responderás: la letra de cambio. De hecho, vemos que el individuo privado, el banco, el gobierno, en resumen, todos aquellos que necesitan hacer un pago en el extranjero, adquieren una letra de cambio extranjera, una llamada moneda extranjera, para este fin y la envían al acreedor, con la cual cumplen con sus obligaciones de pago.

Pero considera lo que es básicamente una letra de cambio extranjera y por qué generalmente se acepta en lugar de pago. Solo necesitas leer el texto de la letra de cambio, que es más o menos el mismo en todos los países. Entonces verás que la letra de cambio es una solicitud a una persona o empresa nacional para pagar la cantidad en dólares, libras, francos, etc. al legítimo portador de la letra en tal y tal día. En una letra de cambio, por lo tanto, tienes un papel que no tiene valor intrínseco, sino solo un valor derivado, es decir, derivado del valor en dólares, libras o francos al que da derecho. En consecuencia, no son las letras de cambio las que desempeñan el papel de 'dinero mundial'; en cambio, son los diversos tipos nacionales de dinero en los que están denominados y en los que deben convertirse primero para determinar si las letras de cambio son 'buenas' o 'malas' los que comparten este papel. El dinero, sin embargo, como vimos antes, tampoco tiene valor independiente; es una nota de referencia para bienes, que el país debe entregar al titular de su dinero peculiar cuando se le solicite. Solo cuando se realiza esta entrega y el poseedor del dinero recibe por los bienes entregados, conociendo la cantidad y el valor de los bienes entregados, el pago de un país a otro se completa finalmente. Así que en última instancia, la mercancía es el 'dinero mundial'.

Entre los innumerables tipos de mercancías que componen este dinero mundial, también está el oro, del cual surgió el impulso para la regulación de los pagos a través de mercancías. Porque el oro también no es más que una mercancía una vez que sale de la circulación monetaria en el país pagador y migra al exterior.

Solo esta mercancía tiene la ventaja sobre las otras mercancías de tener una mayor movilidad, ya que todos los países la aceptan a un precio fijo. El hecho de que esto solo ocurra porque el oro es idéntico a la moneda nacional en muchos países no convierte al oro en una categoría especial ni le quita su carácter de mercancía. Porque cuando se envía con fines de pago, se envía como una mercancía, no como dinero.

Ningún exportador de oro puede decir para qué se utilizará su oro en el país receptor. Incluso puede ser acuñado en monedas nacionales allí. Pero también puede ser fácilmente utilizado por la industria del oro y convertido en carcasas de relojes y cálices de oro. O puede permanecer en forma de lingotes en algún banco hasta que se decida a dónde ir. Solo en el primer caso es que la mercancía oro se convierte en dinero, pero incluso entonces solo a través de un proceso de transformación que ocurre en el país receptor. Durante su transporte de país a país, el oro es siempre una mercancía y nada más que una mercancía, incluso si ya ha asumido la forma de una moneda, que el país receptor puede dejar o llevar a su voluntad.

El verdadero dinero mundial, querido James, es, por lo tanto, la mercancía, dividida en innumerables grupos de diferentes movilidades y liderada por la mercancía más móvil, el oro. Además de ser dinero mundial, la mercancía tiene la tarea de equilibrar la balanza de pagos de los países. Y esta es una tarea extraordinariamente importante. Porque, para que el orden jurídico en la economía mundial pueda mantenerse, y para que cada persona en cada país pueda recibir lo que le corresponde, la balanza de pagos de cada país individual debe equilibrarse en cero. Si un país le debe a otro, debe pagar o está en bancarrota. A menos que sus acreedores concedan expresamente un aplazamiento del pago, es decir, crédito. Este crédito es entonces equivalente a una exclusión del artículo de deuda correspondiente en el presente y su reintroducción en una hoja de cuentas en el futuro. La hoja de cuentas presente es así aliviada, su saldo de responsabilidad reducido. Sin embargo, el país debe pagar este saldo de responsabilidad reducido en todas las circunstancias, porque algunos acreedores extranjeros tienen derecho al valor de este saldo que es debido y que exigen inexorablemente que se pague inmediatamente. Porque si no lo hicieran, habrían concedido al país un crédito correspondiente, es decir, habrían acordado la transferencia del artículo de deuda a una cobranza futura, y así habrían aliviado la balanza de pagos presente.

La multiforme mercancía "commodity" del dinero mundial, compuesta por innumerables tipos, ahora cumple generalmente su tarea de equilibrar las reclamaciones y deudas entre los países tan bien que solo en casos excepcionales se recurre a la mercancía más móvil especial, el "oro", para ayudar. Excepto por picos insignificantes, las enormes reclamaciones que los países tienen unos contra otros, que totalizan cientos de miles de millones (miles de millones en oro) al año, se equilibran mediante el movimiento de otras mercancías, respaldadas por créditos, que aplazan las reclamaciones parciales durante un período más corto o más largo, posponiendo así su liquidación del movimiento de mercancías del presente al futuro. No necesito recordar repetidamente que el término "commodity" debe entenderse siempre en el sentido más amplio, es decir, que incluye todos los servicios (transporte, intermediación bancaria, seguros, etc.) que los países prestan unos a otros, y también todos los derechos de propiedad documentados (acciones, hipotecas y otros), que no son más que títulos legales para mercancías o bienes que están bajo la administración de terceros. Entendida en este sentido más amplio, la mercancía "commodity" del bien común cumple su función de liquidación de deudas tan bien que solo excepcionalmente se recurre a la mercancía especial "oro" con sus tres características especiales: movilidad, estabilidad de precio e influencia en el nivel de precios en el país exportador.

De dónde proviene esto ya lo conoces en líneas generales. Es el efecto de los cambios de precio causados en los países de moneda fiduciaria por las grandes fluctuaciones del tipo de cambio y en los países de moneda de oro por el flujo ocasional de pequeñas cantidades de oro. A través de estos cambios de precio, la demanda de la mercancía se fortalece o debilita según sea necesario para equilibrar los créditos y débitos mutuos a través de este medio de pago mundial. Pero con esto, solo te has familiarizado con los dos últimos pilares de la balanza de pagos, en cierto modo, la artillería pesada que siempre se trae cuando los medios más suaves ya no cumplen su propósito. Sin embargo, en tiempos normales, esto rara vez sucede. En general, el pequeño incentivo que ciertos medios más suaves ejercen sobre la propensión a comprar y vender es suficiente para mantener el equilibrio de la balanza de pagos.

En primer lugar, hay una herramienta realmente poderosa en la tasa de interés, que produce efectos más extraordinarios con fluctuaciones de una fracción de uno por ciento, es decir, con una herramienta sutil. Ya nos hemos familiarizado con esto cuando tratamos sobre el valor de la moneda nacional, y vimos entonces (en mi carta del 17 de enero) que ejerce una gran influencia sobre ese valor y, por lo tanto, sobre el nivel de precios. Dependiendo de si la tasa de interés aumenta o disminuye, transfiere dinero "inactivo" a la circulación o pone dinero "circulante" en estado de inactividad, lo que aumenta el precio en el primer caso y lo abarata en el segundo. De esta manera, coordina la producción y el consumo de manera mucho más adecuada que la economía planificada, más precisa con todas sus provincias económicas y con todos los órganos autónomos. Esta tasa de interés, tan discreta y a la vez tan poderosa, también ejerce una enorme influencia en las relaciones económicas externas de los países y contribuye en gran medida a mantener el equilibrio de la balanza de pagos de los países.

Si un país tiene que realizar pagos extraordinariamente grandes a países extranjeros y una parte significativa del poder adquisitivo disponible (es decir, dinero líquido) debe reservarse para la compra de divisas extranjeras, de modo que el poder adquisitivo restante para transacciones nacionales sea escaso y los precios bajen consecuentemente hasta que los países extranjeros intervengan y suministren al país la moneda extranjera necesaria para el pago, entonces la tasa de interés alivia esta presión de precios, que siempre se percibe como perturbadora y que fácilmente puede convertirse en una crisis. Al aumentar, la causa directa de su aumento es la mencionada escasez de poder adquisitivo, lo que eleva el precio del préstamo para el dinero disponible, que no es más que la tasa de interés, en consecuencia. Y el efecto de su aumento es que los países extranjeros ahora muestran una mayor disposición que antes para otorgar créditos y, por lo tanto, hacer que parte de las compras de divisas extranjeras sean innecesarias. Muchos bancos extranjeros, que se niegan categóricamente a conceder un préstamo a una tasa de interés del 4,5%, porque el dinero en su propio país tiene el mismo rendimiento, pueden estar dispuestos a conceder un préstamo cuando la tasa de interés aumenta al 5 o 5,5%. Aquí, el medio más suave de la tasa de interés reemplaza al medio más riguroso de la presión de precios en beneficio de la economía nacional.

Por supuesto, aquí también debe hacerse una distinción entre los países de moneda de oro y los países de moneda fiduciaria. En los primeros, el crédito reacciona al estímulo de la tasa de interés mucho más rápidamente y de manera más confiable que en los últimos, lo que corresponde al diferente grado de fluctuaciones del tipo de cambio y al riesgo cambiario asociado con el crédito. Donde prevalece la moneda de oro y las diferencias en los tipos de cambio pueden ser solo de centavos, un aumento del 1/4 al 1/2 por ciento en la tasa de interés tiende a ser muy eficaz. Por otro lado, donde falta la seguridad del oro y, como resultado, se deben tener en cuenta las fluctuaciones repentinas del tipo de cambio, un aumento del 2, 3 o incluso del 9 por ciento en la tasa de interés a menudo tiene solo un efecto insignificante. Aquí, el estímulo de los intereses debe ser a menudo tan fuerte para ser eficaz que prácticamente equivale a una renuncia a los intereses, y se debe dejar necesariamente la liquidación de los pagos a los medios más brutales de la presión de precios, a través del tipo de cambio.

Otro factor auxiliar muy suave y, sin embargo, eficaz, para la igualación de la deuda es la arbitraje, para la cual, lamentablemente, no puedo dar una palabra en alemán correspondiente de manera tan corta. Se basa en la explotación de las diferencias de valoración de un mismo objeto de comercio internacional en diferentes países. También está relacionado con el crédito, al igual que los intereses, excepto que su estímulo no es la tasa de interés, sino el tipo de cambio. Su campo de actividad es principalmente el mercado de divisas, los valores de bolsa y los cupones. Por ejemplo, la arbitraje de divisas se aprovecha del hecho de que un país con una deuda momentánea pesada busca letras de cambio del país acreedor a un tipo de cambio más alto que el habitual, ofreciéndole estas letras de cambio, que puede adquirir más baratas en países con una balanza de pagos activa, ya sea para venderlas o para prestarlas. En la medida en que lo hace, ahorra al país deudor el recurrir a los intereses y a la presión de precios. El arbitraje de valores se aprovecha del hecho de que, en un país con un alto nivel de deuda momentánea, los valores internacionales tienden a sufrir presión de precios y compra estos valores en los mercados bursátiles del país para venderlos inmediatamente en otros mercados con una pequeña ventaja de precio. Y el arbitraje de cupones actúa de manera similar, comprando cupones, que son pagaderos en varias monedas a un tipo de cambio fijo, relativamente baratos en el país deudor y vendiéndolos o canjeándolos en países cuya moneda está particularmente valorada en ese momento. Todas estas operaciones dan lugar a saldos de crédito extranjero para el país deudor, que puede utilizar para cubrir su saldo de débito.

El arbitraje, por supuesto, funciona mucho más fácilmente y ventajosamente en un país de moneda de oro que donde el riesgo cambiario es grande. Como su beneficio es siempre modesto, en el arbitraje debe provenir de la cantidad, el peligro de fluctuaciones relativamente pequeñas en los tipos de cambio es suficiente para dificultar su funcionamiento o convertirlo en especulación pura, en cuyo caso ya no calculan por milésimas, sino por muchos puntos porcentuales y buscan enriquecerse a expensas del país deudor.

Todos estos medios que mencioné aquí, querido James, sirven al propósito de convertir las mercancías, y de hecho las commodities de las más diversas, desde un barco de 50,000 toneladas hasta un alfiler y desde un millón de valores hasta un cupón de 5 chelines, en "dinero mundial" y utilizarlo para cubrir el saldo pasivo de la balanza de pagos nacional; o sirven al propósito de obtener créditos extranjeros que reducen el saldo de responsabilidades de la balanza presente y, por así decirlo, "trasladan" la deuda erradicada de los hombres a una nueva cuenta. La nueva cuenta, por supuesto, ya es una preocupación del próximo trimestre, si el crédito es a corto plazo, mientras que una preocupación posterior es una cuestión que solo se volverá aguda en décadas si el país deudor ha logrado obtener crédito a largo plazo con la ayuda de los medios descritos.

Espero haberme expresado lo suficientemente claro en esta carta para que los hechos hayan quedado claros para ti. Si, para mi pesar, no entendiste todo, la culpa no es tuya, sino mía y mi insuficiente habilidad de comprensión mutua. Porque las cosas en sí son extremadamente simples y transparentes.

Con amor,
Tu viejo padre

SEXTA CARTA

¿El oro es prescindible?

Equilibrar la Balanza de Pagos por Medios Técnicos – Oro.

Divisa y Divisa de la 'Gallows'

Berlín, 17 de septiembre de 1921

Querido James, hasta ahora, los resultados de nuestro curso epistolar de enseñanza son los siguientes:

Ni el oro ni las letras de cambio son la "moneda mundial". Ambos son solo medios para poner en movimiento la verdadera moneda mundial, que equilibra los débitos y créditos en la balanza de pagos de los países a través de su salida e ingreso. Esa verdadera moneda mundial, en la cual se recopilan todas las reclamaciones y se pagan todas las deudas, es la mercancía.

En general, estímulos muy pequeños son suficientes para inducir la migración de la mercancía de los países deudores a los países acreedores y, así, cumplir su servicio como moneda mundial. Los más conocidos de estos estímulos son los intereses y la explotación de las menores diferencias de precio a través de la arbitraje. Solo cuando la mercancía no responde completamente a estos estímulos inofensivos y el crédito no es inducido por ellos a desempeñar su importante servicio auxiliar, entran en acción otros estímulos más poderosos, es decir, el tipo de cambio y, en los países de moneda de oro, el movimiento del oro.

El tipo de cambio, cuya depreciación es sinónimo de una reducción en el precio de la mercancía en el país pagador, actúa directamente y con fuerza bruta. Actúa sobre la mercancía como una orden de expulsión y, al deprimir su precio, la envía a los países con precios más altos en las cantidades necesarias para equilibrar la balanza de pagos.

El movimiento del oro también actúa con una fuerza irresistible, pero solo de manera indirecta y más suave. Al permitir que el oro salga, reduce la oferta monetaria existente y el poder adquisitivo en el país de moneda de oro, lo que causa la correspondiente caída en el nivel de precios y, así, abre la válvula de exportación para la mercancía, que ahora fluye hacia el exterior como la verdadera moneda mundial.

Por lo tanto, mi querido, es por eso que cantidades extremadamente pequeñas de oro son suficientes para equilibrar incluso una balanza de pagos extraordinariamente pasiva. Si el oro en sí fuera la moneda del mundo, incluso la mayor reserva de oro de un país no sería suficiente para pagar una deuda nacional de miles de millones. Pero como en realidad no es el oro, sino la mercancía la que paga la deuda de miles de millones, y el oro simplemente proporciona el ritmo para la mercancía, no se necesita una gran cantidad de oro para mantener el equilibrio de la balanza de pagos.

He visto que incluso en Inglaterra, cuyo enorme comercio y extensas relaciones de crédito hacen que el país sea activo con sumas gigantescas y pasivo con sumas gigantescas, antes de la guerra, algunos millones de libras esterlinas en oro liquidaban cualquier balance de deudas o reclamaciones. Tan pronto como los intereses y la arbitraje fallaban, unos pocos porcentajes de la suma de la deuda en oro eran suficientes para poner en movimiento tanta mercancía como fuera necesaria para cubrir el total de la deuda.

Entonces, mi querido, ¿sería posible -seguramente esta pregunta te sugiere aquí- prescindir incluso de las pequeñas cantidades de oro que juegan el papel de equilibrio en los pagos internacionales? En otras palabras, ¿no sería posible para un país prescindir de la moneda de oro tanto externamente como internamente sin poner en peligro su balanza de pagos de alguna manera? ¿O es indispensable para un país entrelazado con el comercio mundial tener cierta cantidad de oro, teniendo en cuenta la balanza de pagos?

No me refiero a la posibilidad obvia de que un país mantenga una reserva de letras de cambio extranjeras en oro, cambio extranjero en oro, en lugar de una reserva de oro en efectivo. Como el cambio extranjero en oro se puede convertir en oro en cualquier momento, mediante descuento en los bancos de su país de origen, generalmente se considera equivalente al oro en todos los aspectos. Una moneda basada en cambio extranjero en oro es -excepto en tiempos de guerra- nada más que una moneda de oro y, por lo tanto, no implica una renuncia a este principio, sino una adhesión a él.

La cuestión de si un país puede prescindir completamente del oro sin dañar su sistema monetario y su balanza de pagos se responde por sí misma a la luz de lo dicho anteriormente. Pues, una vez que el oro tiene una tarea claramente definida en el comercio exterior de un país -es decir, la tarea de forzar a la mercancía-moneda mundial a equilibrar la balanza de pagos, influyendo en el nivel de precios en el país-solo puede prescindirse de él bajo una condición muy específica. Si hay un medio que desencadene el efecto producido por el oro tan convenientemente y de manera confiable como el propio oro, entonces este último es prescindible. Si no existe tal medio, el oro es indispensable.

Por lo tanto, todo depende de la respuesta a la pregunta de si es posible reducir la circulación de dinero en el país cuando la balanza de pagos es pasiva (deficitaria) y aumentarla cuando es activa (favorable). En un país con moneda de oro, los flujos de salida e ingreso de oro afectan los precios y el movimiento de mercancías a través del suministro de dinero. Ahora bien, no hay duda de que, en principio, el suministro de dinero en un país puede aumentarse y disminuirse sin la intervención del oro. Vemos que, de hecho, todos los países operan ahora con una circulación de dinero mayor o menor. Otra cuestión es la medida. Si el aumento o disminución puede ajustarse de manera tan precisa y suave a la balanza de pagos como se hace con el oro, parece dudoso. También parece dudoso si este ajuste del suministro de dinero a las exigencias de la balanza de pagos ocurre automáticamente, fuera de la circulación. Pues sabemos que solo el tráfico puede cambiar el suministro de dinero por libre autodeterminación y que cualquier intervención arbitraria desde el exterior inevitablemente arruinará el sistema monetario del país.

Estudios muy interesantes podrían relacionarse con esta cuestión, que, sin embargo, solo nos distraerían del tema de hoy. Por lo tanto, adelantaré el resultado, diciendo: existe un excelente medio para mantener el suministro de dinero en el país siempre en perfecta conformidad con las exigencias de la balanza de pagos. Pues, si la balanza de pagos es pasiva y los medios de pago extranjeros (cambio extranjero) están, por lo tanto, en demanda, de modo que comience a subir de precio, eso es una señal de que la circulación de dinero está saturada, es decir, que los precios de las mercancías son demasiado altos e impiden que la "mercancía-moneda" mundial fluya hacia afuera. Por lo tanto, es necesario retirar cuidadosamente el dinero de la circulación, ya sea a través de impuestos o préstamos, no importa, y proporcionarle un estado de reposo. La presión de precios, imperceptible al principio pero que aumenta lentamente, que proviene de esta reducción del poder adquisitivo, promueve las exportaciones y, por lo tanto, elimina el déficit de la balanza que se manifestó en la escasez de cambio extranjero. Tan pronto como se logre este objetivo, es decir, cuando se haya suministrado suficientemente cambio extranjero y vuelva a su precio normal, eso es una señal inequívoca de que el dinero en circulación y la balanza de pagos están en armonía y que el tráfico no requiere una reducción adicional del dinero nacional. Si las tasas de cambio caen por debajo del nivel normal, eso significa simplemente que la balanza de pagos hasta entonces pasiva está comenzando a volverse activa y que, por lo tanto, es necesario restablecer el equilibrio liberando una parte del dinero retirado.

Pues si esto no se hace, es decir, si no se respeta el mandato del tráfico, el nivel de precios se mantendrá innecesariamente bajo presión y el país se verá privado de más bienes de los necesarios.

Las tareas que el oro cumple automáticamente, por lo tanto, también se pueden realizar de otra manera, sin la intervención de este metal. Y un teórico estaría, por lo tanto, totalmente justificado en decir: el oro puede prescindir no solo en el tráfico interno de un país, sino también en su tráfico externo. Una moneda sólida y una posición sólida en los pagos internacionales no requieren, por sí mismas, que el país en cuestión tenga una moneda de oro o incluso una cierta cantidad de oro. No es perjudicial ni inconveniente que un país mantenga su balanza de pagos en equilibrio por otros medios, por así decirlo, técnicos, en lugar de oro.

Pero -y este es el punto crucial- se debe cumplir una condición básica: la contracción y la reexpansión de la circulación de dinero deben estar subordinadas exclusivamente al mandato de la balanza de pagos, expresado en las tasas de cambio. Solo el nivel de las tasas de cambio y nada más puede tener una influencia determinante en la cantidad de dinero en circulación. El Estado, con sus necesidades, objetivos y propósitos financieros, comerciales y sociales, debe, en principio, mantenerse alejado del sistema monetario. Debe respetar en el dinero algo que está fuera de su esfera de poder, algo que está sujeto a leyes elementales especiales, un derecho de referencia de mercancías nacido del tráfico, con respecto al cual debe observar la más estricta neutralidad. Debe estar solo vigilante, eliminar las inhibiciones, garantizar el respeto al mandato de la tasa de cambio, pero nunca arrogarse funciones creativas. Pues tan pronto como lo hace, tan pronto como comienza a alterar la ley incorporada en el dinero de acuerdo con su propia voluntad arbitraria, no solo falsifica esa ley al cambiar su contenido, sino que también perturba la armonía entre el dinero y la balanza de pagos, y perturba de manera desastrosa el sistema monetario del país, del cual tenemos los ejemplos más tristes ante nuestros ojos hoy.

En abstracto, puedo muy bien imaginar un país en el que se cumpla el requisito anterior y el sistema monetario esté estrictamente separado del Estado. Puedo imaginar un legislador sabio, un nuevo Solón, que consagre el Estado. Qué inmensamente grande es la tentación para el Estado de abusar de la máquina de dinero para sus propios propósitos, y quien al mismo tiempo conoce los efectos perniciosos de ese abuso, erigiría un muro infranqueable entre el dinero y el poder estatal. Por ejemplo, imponiendo fuertes penas a cada jefe de Estado que se permita hacer cambios no autorizados en el suministro de dinero. Puedo imaginar a ese Solón erigiendo una horca alta en la plaza del mercado de la capital del estado con la inscripción:

"A esta horca irá, sin consideración por persona o posición, cualquiera que, al aumentar arbitrariamente el suministro de dinero, engañe a la población diluyendo el poder adquisitivo representado por el dinero".

Y, finalmente, también puedo imaginar que esta medida

draconiana cumpla su propósito, para que el dinero, intacto por el Estado, circule en la cantidad que el tráfico produce de la manera que describí anteriormente, y que solo se contraiga y se expanda nuevamente de acuerdo con los solavancos de la balanza de pagos. En tal país, habría una moneda perfectamente sana, incluso si no hubiera un gramo de oro disponible para fines de pago. Se demostraría aquí que una moneda bajo el signo de la horca, es decir, protegida por penas draconianas contra cualquier abuso por parte de las autoridades, llamémosla 'moneda de la horca' para ser breve, es completamente igual a la moneda de oro.

Pero no puedo evitarlo, querido James: solo puedo imaginar tal moneda de forma abstracta, únicamente teóricamente, no en la realidad viva. Todo sistema estatal atraviesa momentos en los que la tentación de tomar el control del dinero se vuelve tan grande que todas las objeciones morales y económicas ya no se aplican.

Incluso si la horca, símbolo de protección del dinero, fuera erigida amenazadoramente, no sería útil, ya que el poder del Estado la derribaría en el momento crítico. Si no hay mandato para el ciudadano común necesitado, que está rodeado de leyes penales, mucho menos para el Estado soberano.

Al fin y al cabo, no hay manera más sencilla e ineficaz de gravar al pueblo que retirar parte de su poder adquisitivo mediante el aumento de su dinero: el Estado se apodera de la máquina del dinero para hacerla funcionar según sus necesidades. Y siempre habrá teóricos que conviertan el negro en blanco y lo incorrecto en correcto al reconocer al Estado como el dueño del dinero en deducciones eruditas y etiquetar al dinero, que en realidad solo puede ser producido por el tráfico, como una creación del Estado y su orden legal arbitraria.

Por esta razón, hijo mío, porque las instituciones humanas son reguladas y ocasionalmente abusadas por personas débiles o de vista corta, la moneda de papel, que en sí misma es bastante útil, siempre ha demostrado ser inferior a la moneda de oro. Por esta razón, incluso en su forma más perfecta y bien asegurada, es decir, en la forma que acabamos de llamar 'moneda de la horca', eventualmente se debilitaría. Claro, el patrón oro también puede ser abusado. Pero, al obligar al Estado a reconocer una cierta relación cuantitativa entre el dinero y el oro y no violarla, posee un elemento de autodefensa.

Es inmune a cierto grado de veneno de doctrinas perniciosas y del pragmatismo negligente del Estado. Es por eso que todas las grandes naciones comerciales siempre vuelven al patrón oro después de experimentar en sus propias economías, en períodos más cortos o más largos de mala administración monetaria, lo que significa experimentar a través del dolor.

¡Que se haga la voluntad de Dios!

Tu viejo padre.

SÉPTIMA CARTA

Balanza de Pagos y Banco Central

*Tasa de Descuento, Oro, Cambio y Política de
Reservas*

Berlín, 19 de septiembre de 1921.

Querido James, la superioridad práctica de la moneda de oro sobre todas las monedas no metálicas radica, en resumen, en la insuperable elasticidad que confiere a la circulación monetaria. En un país con moneda de oro, la circulación monetaria se contrae automáticamente siempre que la balanza de pagos del país es pasiva (negativa/deficitaria), solo para expandirse automáticamente nuevamente cuando la balanza de pagos se vuelve activa (positiva/superavitaria). Este proceso de contracción y expansión alternada de la circulación monetaria es causado por el llamado 'movimiento del oro', es decir, el oro que sale del país en un caso y entra en el país en el otro. Dado que el oro, en un país con moneda de oro, es un componente del total de medios de pago, su salida reduce la cantidad de dinero en circulación y el poder adquisitivo contenido en él, mientras que su entrada aumenta ambos. Esta elasticidad que el oro confiere al dinero nacional funciona de manera tan rápida que la balanza de pagos del país siempre se equilibra automáticamente con su ayuda, y no puede haber una actividad o pasividad más intensas.

En consecuencia, las tasas de cambio en un país con moneda de oro solo pueden subir o bajar de manera insignificante. Solo pueden oscilar entre dos polos cercanos, es decir, entre el punto en el que comienzan las importaciones de oro (el punto inferior del oro) y el otro polo en el que comienzan las exportaciones de oro (el punto superior del oro).

"¡Qué hermoso y confiable regulador de tráfico!" pensarás.

Y ciertamente el valor del movimiento del oro difícilmente puede ser sobrestimado. Sin embargo, por sí solo, no es suficiente para equilibrar la balanza de pagos con la velocidad y facilidad deseadas. Una economía comercial sana en un país con un sistema monetario saludable es extremadamente sensible. Reacciona ante la menor irritación, y el movimiento del oro, que, a pesar de su confiabilidad, todavía tiene ciertos problemas, sigue siendo muy torpe para el caso normal. Por más cercanos que estén los dos puntos del oro en los que el oro se mueve arriba o abajo uno del otro, la diferencia entre ellos en países con moneda de oro es de aproximadamente del 1/2 al 3/4 por ciento, y por menos que las tasas de cambio puedan subir por encima o caer por debajo de su nivel promedio, una economía sana aún siente esa ligera fluctuación en el valor del dinero como una gran perturbación y complicación en sus cálculos.

Cuando recuerdo los buenos tiempos, hijo mío, en que Alemania disfrutaba de una moneda de oro genuina y correcta, recordaré el hecho de que en aquellos tiempos las tasas de cambio solo alcanzaban el punto superior o inferior del oro en casos raros y excepcionales, aunque la balanza de pagos alemana casi nunca estuviera completamente equilibrada. En general, las tasas de cambio en aquellos tiempos fluctuaban solo unos pocos milésimos alrededor del punto medio, alrededor de la llamada paridad de oro, es decir, alrededor del precio que una cierta cantidad de oro costaba en dinero alemán según la ley de acuñación. Para los 7 1/3 gramos de oro contenidos en un soberano inglés, ese precio era de aproximadamente 20,43 marcos, y la tasa de cambio de la libra esterlina en Berlín generalmente se desviaba de ese punto medio solo por unos pocos centavos. El punto superior del oro de 20,51 marcos solo se alcanzó en casos excepcionales, y el punto inferior de 20,34 marcos solo se alcanzó una vez, que yo recuerde, en 1904.

Esto significa que el oro solo necesitaba actuar relativamente raramente como regulador de la balanza de pagos, porque otros medios de equilibrio habían asumido esa tarea; medios de equilibrio que actuaban de manera más rápida que el torpe oro, que solo reaccionaba a tasas de cambio de 20,51 o 20,34. Estos medios de equilibrio más rápidos y, por lo tanto, más efectivos son bien conocidos, es decir, los intereses, el crédito y la explotación comercial de ambos a través de la arbitraje.

El factor más importante y fundamental de estos tres factores es el interés, porque es el motor que pone en movimiento a los otros dos. El interés es el regulador más eficaz de una economía sana. Dondequiera que miremos, siempre está en algún lugar detrás de escena como una fuerza motriz. En el caso del dinero, ya estamos familiarizados con él como el imán que acelera o desacelera la circulación del dinero y lo adapta a las necesidades de la producción. Es el factor que da al dinero la elasticidad necesaria en la circulación interna; no cambiando su cantidad - el interés no es capaz de hacer eso - sino haciendo que el dinero existente circule más rápido o más lento mediante el alto o bajo premio que coloca en el uso intensivo del dinero, en la enérgica utilización del poder adquisitivo existente. (En el caso del dinero en papel, debe decirse: "flotante")

Ahora, al tratar con el comercio exterior, nuevamente encontramos el interés en nuestro camino, como el ligero "Ariel" que alivia la pesada carga de Calibán "oro" de la preocupación por equilibrar la balanza de pagos; y el interés hace esto atrayendo o repeliendo magnéticamente el crédito y, a veces solo, a veces junto con este último, induciendo la arbitraje en los bienes más negociables (valores, metales preciosos, cupones, artículos especulativos de consumo) para dirigir el movimiento de mercancías en la dirección adecuada para resolver las diferencias en los pagos entre los países.

Por todos los medios reales de pago mundial, no olvides esto por un momento, hijo mío, es y sigue siendo la mercancía.

Ahora se ha vuelto habitual, no solo en países con moneda de oro, asumir el control de la tasa de interés en vista de su importancia para las transacciones de pago, es decir, buscar una "política de tasa de interés" intervencionista. Como regla general, esta tarea ha sido confiada a las mismas instituciones que tienen en sus manos la supervisión y regulación de las transacciones monetarias, es decir, los bancos centrales.

De esta manera, se esperaba que todos los elementos que determinan el sistema monetario nacional y sus relaciones con países extranjeros se unieran en una sola entidad, para que el mismo órgano que controla la circulación interna del dinero no solo maneje el suministro centralizado de oro del país y supervise el movimiento internacional del oro, sino que también pueda ejercer una influencia decisiva en el otro factor importante en la balanza de pagos, la tasa de interés.

Los bancos centrales ejercen esta influencia elevando y bajando la tasa de interés de acuerdo con el estado de la balanza de pagos, según lo indicado por la tasa de cambio, permitiendo así que el crédito comercial, que pueden otorgar como el mayor reservorio de dinero del país, fluya a veces de manera más abundante, a veces más escasa, y de esta manera también direccionando la tasa de interés del mercado monetario abierto en una dirección correspondiente a la balanza de pagos.

Esta actividad se llama "política de descuento" porque prefieren otorgar su crédito mediante el descuento de letras de cambio comerciales. Así, el banco central es la autoridad que no solo mantiene la conexión entre los pagos nacionales y extranjeros, desempeña un papel decisivo en el multifacético 'mercado', sino que también ejerce una influencia decisiva sobre él. Porque posee nada menos que cuatro medios de poder en sus manos para corregir la balanza de pagos nacional en la dirección necesaria. Tiene a su disposición el medio de política de intereses o 'política de descuento', además de eso, el de 'política de oro', en tercer lugar, al menos si lo considera deseable, el importante instrumento auxiliar de 'política de cambio', y finalmente la 'política de reservas', que en ciertas circunstancias puede llegar a ser de bastante importancia.

Vamos a considerar, de manera breve, la eficacia de estos cuatro componentes de la política del banco central en relación con la balanza de pagos y el valor externo del dinero; entraré en más detalles sobre esto cuando abordemos el tema de la 'moneda' y tratemos a los bancos centrales como instituciones económicas.

Si el estado de las tasas de cambio indica que la balanza de pagos es pasiva y que el país, por lo tanto, está endeudado con países extranjeros, el banco central suele aplicar su política de descuento como la primera medida correctiva. Incrementa la tasa de interés que exige a sus prestatarios en la medida necesaria para incentivar a algunos de ellos a pagar su deuda al banco central y buscar crédito sustituto en el mercado monetario abierto o en bancos privados.

Esto también encarece el interés, por lo que muchos empresarios prefieren prescindir de cualquier crédito en ese momento y realizar compras planificadas solo dentro de los límites estrechos de sus propios medios, o obtener los fondos necesarios para este propósito aumentando parcialmente su inventario de mercancías. Como resultado, la propensión a comprar disminuye y la oferta de mercancías aumenta.

Consecuencia: una reducción del nivel de precios, es decir, una oportunidad de compra más barata para los países extranjeros, que primero adquieren las categorías de bienes fácilmente negociables (valores, artículos especulativos, etc.) a través de la arbitraje, y luego, dependiendo del grado de reducción de precios, también recurren a categorías de bienes más voluminosos; hasta que la deuda interna con los países extranjeros se equilibre mediante las contrapartidas creadas, es decir, hasta que la balanza de pagos se equilibre nuevamente mediante la exportación de bienes.

"Este es al menos el objetivo de la política de descuento de los bancos centrales, que a menudo es más instintiva que racional, pero que no siempre se logra. En tiempos de expansión y especulación excesiva, el mercado abierto a menudo no sigue esta política. Sin embargo, la política de descuento es una herramienta extremadamente eficaz entre mis colegas y entre los economistas del mundo, y si te tomas la molestia, querido James, de estudiar el informe de una comisión monetaria inglesa establecida en 1917, la llamada 'Comisión Cunliffe', que vale la pena leer, encontrarás un canto de alabanza a la política de descuento. Dice en una pasada: "El aumento de la tasa del banco y las medidas para hacerla efectiva en el mercado llevaron, inevitablemente, a un aumento en la tasa de interés nacional y a una restricción de la actividad crediticia... El resultado fue una caída en la mayoría de los precios en el mercado interno, lo que dificultó las importaciones, pero estimuló las exportaciones y, de esa manera, compensó el saldo desfavorable del comercio".

Pero, como dije, a pesar de la buena evaluación dada aquí, la política de descuento a menudo sigue siendo ineficaz y, en ese caso, debe ser reemplazada por un medio más drástico, la política del oro.

Cuando el intento directo de contener el deseo de compra a través de los intereses no tiene éxito y las exportaciones no se han incrementado en la medida necesaria, las tasas de cambio alcanzan el llamado punto superior de oro, haciendo rentable la exportación de oro. El banco central entonces procede a enviar barras de oro o monedas, que inicialmente, como cualquier otra mercancía, canjean una parte de la deuda nacional al establecer una contrapartida. Si el banco duda en enviar oro, es presionado por los especialistas en comercio de metales preciosos a entregar oro para exportación mediante la presentación de billetes. Si se negara a entregar el oro, significaría el fin de la moneda de oro. La cantidad de oro entregada reduciría el inventario de metal, la cobertura de los billetes y, por lo tanto, también las posibilidades de préstamo del banco.

Aunque el mercado estuviera dispuesto a pagar cualquier tasa de interés sobre el préstamo del banco, por más alta que fuera, el banco central se negaría a prestar, teniendo en cuenta la reducción de su reserva de oro, e incluso tendría que rechazar la renovación de préstamos vencidos. Y debido a esto, el poder adquisitivo en el país sufriría una reducción muy sensible.

La exportación de oro, por lo tanto, funciona en dos direcciones: en primer lugar, generando créditos extranjeros como cualquier otra exportación y reduciendo la deuda nacional en consecuencia; pero luego, y principalmente, por las repercusiones intensivas que tiene sobre el volumen de poder adquisitivo y, por lo tanto, sobre el nivel de precios y nuevamente sobre las exportaciones.

La política cambiaria funciona de manera similar a la política del oro. Consiste en acumular una gran reserva de medios de pago extranjeros en forma de letras de cambio y, cuando la tasa de cambio aumenta, intervenir en el mercado con ellas. La moneda extranjera, ya que en este caso generalmente está denominada en oro, debe considerarse igual que el oro, y su salida generalmente tiene los mismos efectos que la exportación de oro. Algunos bancos centrales prefieren la moneda extranjera al oro porque es fácil de transportar, genera intereses y, si es necesario, se puede utilizar sin pérdida de tiempo en el país de origen.

Personalmente, no soy amigo de los sustitutos en ningún campo y prefiero el oro a los sustitutos del oro. Además, todo banco central debe contar con el hecho de que algún día sufrirá el mismo destino que el Reichsbank Alemán con su moneda extranjera inglesa, que al comienzo de la guerra dejó de ser oro repentinamente, pero se hundió al nivel de billetes sin valor porque los aceptantes ingleses no pudieron canjearlos según la ley de guerra.

Por último, el cuarto y último medio, muy eficaz pero utilizado relativamente pocas veces, al servicio de la balanza de pagos es la política de reservas. Esto implica que el banco central del país obligue a la comunidad bancaria privada a aumentar sus reservas en efectivo (saldos de cuentas corrientes o depósitos) cuando las tasas de cambio son desfavorables. El efecto es el mismo que en el caso de restringir la actividad crediticia, excepto que es aún más inmediato: el poder adquisitivo en el país disminuye a medida que el banco central recoge y almacena dinero, lo que lleva a una caída en los precios, un aumento en las exportaciones y una mejora en la balanza de pagos.

Esta política es comprensiblemente muy impopular entre nosotros, los directores de banco. No nos gusta renunciar a nuestro dinero justo cuando más lo necesitamos.

En consecuencia, solo un banco central respaldado por una fuerte abnegación, independiente de los bancos privados, puede aplicar la política de reservas. El Banco de Inglaterra la utiliza de vez en cuando de manera especial, vendiendo sus acciones del Tesoro en la Bolsa de Valores y utilizando el dinero recaudado para fortalecer sus reservas. Los bancos privados ingleses, que tienen que proporcionar este dinero directa o indirectamente, naturalmente no están nada contentos con esta política. Pero su influencia sobre la "Dama Anciana" no es ni de lejos tan grande como la de los banqueros continentales sobre los bancos centrales de sus respectivos países. Pueden quejarse, pero pagan.

Con la ayuda de estos cuatro medios, querido James, todo banco central en un país con moneda de oro es capaz de mantener el equilibrio de la balanza de pagos sin que las tasas de cambio fluctúen más que ligeramente. Esto es una gran ventaja para el país, pero se debe menos a la habilidad del banco central que al hecho de que la moneda de oro prevalece en el país. Si el banco central no estuviera presente, no causaría grandes daños, ya que toda moneda de oro se protege.

A través del flujo automático de salida e ingreso de oro, mantiene el nivel de precios en el punto necesario en cada caso para obligar al medio de pago mundial, las mercancías, a equilibrar la balanza de pagos. Todo lo que un banco central puede hacer además de esta autoprotección de la moneda de oro es promover el movimiento de mercancías necesario para establecer el equilibrio en la balanza de pagos mediante medios un poco más suaves, de modo que la migración de oro raramente necesite entrar en acción y, por lo tanto, las tasas de cambio no necesiten subir al punto máximo de oro o bajar al punto mínimo.

Esta es, después de todo, una ventaja, no pequeña, que un banco central bien organizado puede proporcionar al país. Por otro lado, si consideramos la enormidad de la miseria que un banco central administrado de acuerdo con principios erróneos o utilizado indebidamente por el Estado puede traer a un país, no podemos evitar preguntarnos si esta ventaja realmente justifica que un país se sobrecargue con un instrumento que representa una fuente tan extraordinaria de peligro, y si un país con moneda de oro no podría manejarse muy bien sin un banco central.

En cualquier caso, es infinitamente mejor para un país no tener un banco central que tener uno mal administrado.

Con cariño,
Tu Viejo Padre.

OCTAVA CARTA

De nuevo "la Gold Mania"

Oro, Papel y Moneda

Berlín, 22 de septiembre de 1921.

No es ni un prejuicio desactualizado, querido James, ni una doctrina errónea ni una "obsesión por el oro" económica lo que lleva una y otra vez a las personas cultas de vuelta al oro después de haber pasado por una larga odisea en el agitado mar de la moneda no metálica.

Tan cierto como que en el sistema monetario de un país, no es en sí el material del cual consisten los tokens monetarios individuales, sino más bien la cantidad de esos tokens lo que importa. El hecho es irrefutable de que la estabilidad del valor del dinero y todos los derechos expresados en él son en efecto mayores si el oro forma la base de la moneda nacional.

Imaginemos dos países, uno de los cuales tiene una moneda de oro completa y el otro una moneda de papel. Supongamos que ambos países tienen una comprensión igualmente clara de que, en el país de la moneda de papel, no hay una economía arbitraria de papel, no se sigue ninguna política inflacionaria sin escrúpulos o irresponsable, sino que el derecho de comprar bienes incorporados en dinero se respeta estrictamente y, en consecuencia, cualquier creación arbitraria de tales derechos con la ayuda de una impresora de billetes se evita fundamentalmente. En ambos casos, por lo tanto, estamos tratando con una moneda estable y saludable; aquí con una moneda de oro saludable, y aquí con una moneda de papel saludable. ¿Cuál es el estado de la moneda en los dos países, es decir, la valoración de la moneda nacional en el mercado mundial, como se expresa en las tasas de cambio?

La balanza de pagos es decisiva para el movimiento de las tasas de cambio. Si la balanza de pagos es pasiva en un país, es decir, si el país tiene que hacer más pagos a países extranjeros de los que recibe de ellos, el precio de las monedas extranjeras y las letras de cambio aumenta y el valor de la moneda nacional en el mercado mundial cae. Para el país con saldo de pagos pasivo, es necesario comprar más medios de pago extranjeros de los que se ofrecen a un precio normal, para poder pagar su deuda, mientras que no hay demanda por su propia moneda, ya que el país extranjero no le debe nada. El saldo de pagos pasivo significa, independientemente de su origen, una disminución en el valor del país deudor, tanto en el país con moneda de oro como en el país con moneda de papel. La constitución del dinero no puede cambiar en absoluto la validez de esta ley fundamental.

Los medios por los cuales se elimina el saldo de pagos pasivo y se restaura la moneda a su nivel normal son exactamente los mismos en ambos países. Consiste en aumentar las exportaciones (o lo que tiene exactamente el mismo efecto, reducir las importaciones), para que el país deudor obtenga un superávit de exportación. Como el país extranjero necesita liquidar este superávit con su moneda y letras de cambio, los medios de pago extranjeros, que originalmente escaseaban y se buscaban en vano a precios crecientes, ahora están disponibles; la demanda por ellos disminuye, su precio cae y se restaura el estado normal de la moneda.

Sin embargo, la diferencia comienza con la parte técnica del problema. Aunque la ley económica de que el saldo de pagos se equilibra mediante el movimiento de bienes se aplique por igual a todos los países, el método por el cual este movimiento de bienes se realiza no es el mismo en todos los casos. Por el contrario, hay una serie de variaciones. Y no está a discreción de los círculos financieros y comerciales o de los gobiernos elegir si desean aplicar este o aquel método en un caso específico, sino que el método más adecuado en cada caso se impone a ellos por fuerza. El hombre no es el amo del movimiento de mercancías que trae el ajuste de pagos, sino que es el sirviente de ese movimiento que aún cumple sus propias leyes. Y esas leyes son diferentes en un país con moneda de oro que en un país con moneda de papel.

Donde prevalece la moneda de oro, las cosas se regulan de manera muy simple, se podría decir mecánicamente. Aquí siempre hay una mercancía que tiende a salir del país en caso de un leve deterioro y, viceversa, a regresar en caso de una leve mejora. Conocemos al oro como esa mercancía migratoria, siempre listo para partir. Tiene su precio fijo en todos los países con moneda de oro.

En Inglaterra, por ejemplo, mientras la moneda de oro estaba intacta, el precio era de 77 chelines y 10,5 peniques por onza. Ahora, tan pronto como la tasa de cambio de un país con moneda de oro, digamos, para mantener nuestro ejemplo, Inglaterra, se deteriora, se vuelve ventajoso para los países extranjeros comprar oro allí, porque los 77 chelines y 10,5 peniques que cuesta una onza se pueden adquirir por debajo del precio normal. Así, el oro sale del país con una fuerza irresistible.

Esta emigración del oro en el caso de un saldo de pagos pasivo y su retorno en el caso de una balanza de pagos positiva tiene -como expliqué en mis cartas anteriores- todas las consecuencias extremadamente importantes para el poder adquisitivo del dinero circulante en el país, consecuencias que, a su vez, contribuyen a acelerar el ajuste de la balanza de pagos. Sin embargo, no necesitamos detenernos en esas consecuencias hoy, porque todo lo que necesitamos hacer en este momento es visualizar la regulación del saldo de pagos que es particularmente característica del patrón oro.

La primera y más importante peculiaridad de esta moneda es que, en un país donde prevalece, las tasas de cambio nunca pueden desviarse más de 1/4 o como máximo 1/2 por ciento de su nivel normal, ya que si hay la más mínima tendencia de que esas tasas se desvíen aún más del nivel normal, el oro, que siempre está listo para partir, empuja irresistiblemente hacia afuera o hacia adentro del país y fuerza a las tasas de cambio a volver a su antiguo nivel. El valor de un país con moneda de oro, por lo tanto, nunca puede fluctuar en más de una fracción de un uno por ciento; tiene un nivel fijo y confiable, y todas las obligaciones pagaderas en ese valor pueden considerarse absolutamente estables en valor.

Esto, sin embargo, no es solo por sí solo una tremenda ventaja para un país involucrado en el comercio y crédito internacional, sino que también tiene consecuencias de largo alcance para la cuestión que nos interesa aquí, es decir, el ajuste del saldo de pagos. Un país cuya moneda es considerada un "rocher de bronce" en el comercio internacional siempre tiene crédito, y con la ayuda de ese crédito y de un banco confiable y sólido, las diferencias considerables en la balanza de pagos pueden ser reguladas sin necesidad de exportación de bienes en el sentido estricto, la exportación de oro o de bienes móviles pesados.

En esta línea, llegamos a la conclusión de que en un país con moneda de oro, el saldo de pagos puede mantenerse fácilmente en equilibrio porque su moneda es estable, y que, por otro lado, su moneda es estable porque su saldo de pagos puede mantenerse fácilmente en equilibrio, en el caso extremo mediante el envío de oro. Así como frecuentemente ocurre en la economía, aquí también hay una relación recíproca y un momento es tanto causa como efecto del otro.

¿Y qué pasa con la balanza de pagos en un país con moneda fiduciaria? La referencia constante al "oro", que tiene un efecto regulador al simplemente desplazar su punto de reposo, está ausente aquí o solo está presente muy excepcionalmente. (Si estuviera siempre disponible y listo para equilibrar, no sería un país con moneda fiduciaria, sino un país con moneda de oro o al menos con moneda vinculada al oro).

En consecuencia, la anclaje fijo de la moneda también está ausente. Pues no hay ninguna mercancía, excepto el oro, por la cual todos los países relevantes estén dispuestos a pagar un precio normal específico. Las tasas de cambio fluctúan desproporcionalmente aquí porque solo dejan de subir o bajar cuando han entrado o salido del país tantas mercancías como la balanza de pagos requiere para restaurar su equilibrio. Y la mayoría de las mercancías reacciona solo muy lentamente al comando proveniente de la tasa de cambio, al menos mucho más lentamente que el oro.

Sin embargo, incluso en el país con moneda fiduciaria, los dos importantes elementos de tráfico "crédito" y "arbitraje" ofrecen sus buenos servicios. Pero, lo que ya conocemos en el país de la moneda de oro como extremadamente fluidos, de movilidad casi mercurial, pierden esa propiedad de manera extraordinaria bajo el dominio de la moneda fiduciaria.

Mientras allá eran mucho más rápidos que el oro, que también es muy ágil, aquí generalmente son aún más lentos que la incómoda mercancía normal.

Esto se debe al hecho de que, en el país con moneda fiduciaria, el elemento de riesgo está ligado a ellos como un peso de plomo. Cuando la tasa de cambio tiende a deteriorarse debido a un fuerte saldo negativo en la balanza de pagos, cada prestamista extranjero y árbitro debe considerar la posibilidad de recibir una moneda de menor valor cuando el préstamo venza o cuando se realice el ajuste final de la transacción de arbitraje.

Y si el prestamista se protege contra este riesgo de pérdida exigiendo el pago en la moneda de valor estable de su propio país, el prestatario asume el riesgo. Por lo tanto, el crédito y el arbitraje no reaccionan ante pequeñas ventajas en tasas de interés o precios, como ocurre en los países con moneda de oro, sino solo cuando son convocados por una tasa de interés muy alta o un precio adicional tan grande que el riesgo de pérdida pueda ser aceptado.

En un país con moneda fiduciaria relativamente saludable - y es solo sobre este tipo que estamos hablando aquí - ciertamente existe la posibilidad de que el Estado o una institución comisionada por él (el banco central) garantice un stock de mercancías fácilmente transferibles para enviar al exterior en caso de posible desequilibrio en la balanza de pagos, incluso antes de que las tasas de cambio se deterioren demasiado. Dejar de lado la acumulación de un gran stock de moneda extranjera en oro; esto prácticamente equivale a acumular oro, en el cual la moneda extranjera siempre puede convertirse, excepto en tiempos de guerra, por lo que aquí estamos tratando de la ya mencionada variedad de moneda de oro, la moneda marginal de oro.

Lo mismo se aplica a otros valores en oro, como los bonos ingleses durante tiempos normales. Aquí solo necesitamos pensar en mercancías neutrales que pueden convertirse fácilmente en créditos extranjeros a través de arbitraje o venta directa, como plata, platino, cobre o granos. Si el comercio (o el banco central), a pesar del peligro de pérdida relacionado con tales artículos, opera constantemente con grandes existencias de este tipo o se asegura de alguna otra manera de que haya disponibles reservas fácilmente realizables en el país en caso de una fuerte deuda externa, puede mantener las tasas de cambio relativamente estables. También se puede lograr el mismo efecto, como vimos anteriormente, a través de la reducción sistemática de la circulación monetaria. Sin embargo, esta política es extraordinariamente difícil, mucho más difícil que la transición al patrón oro, y, por lo tanto, hasta donde yo sé, nunca ha sido intentada en la práctica.

Así, vemos que la moneda de oro, además de su principal ventaja, que es proteger al país de ser inundado con papel moneda y, por lo tanto, de una degradación monetaria interna, tiene la segunda gran ventaja de garantizar para el país una moneda estable, un valor externo constante de su moneda. Incluso una moneda fiduciaria, por muy buena y técnicamente bien regulada que sea, no puede competir con la moneda de oro en este aspecto.

Es por eso que todos los países, después de haber tenido sus experiencias con papel moneda, tarde o temprano regresan a la moneda de oro, aunque teóricamente sea indiferente de qué están hechas las monedas en las que se incorporan los derechos de las personas para comprar bienes.

Con amor,
Tu viejo padre.

NOVENA CARTA

Valor interno y externo del dinero

'Valor del dinero basado en dos'

Facturación en Moneda Extranjera

Berlín, 24 de septiembre de 1921

Estimado James, en estas últimas semanas, en las que ambos estamos intensamente ocupados con nuestro estudio de la moneda, nuestra tan probada Alemania está pasando por una fase intermedia de anormalidad "monetaria" que es igualmente interesante para el lego y el economista.

Esta anormalidad no consiste en el hecho de que el valor del Reichsmark se haya deteriorado enormemente recientemente. La reciente caída del marco alemán debe ser vista como un proceso bastante natural, incluso autoevidente. Pues si la moneda de un país que necesita pagar miles de millones a países extranjeros no está respaldada por oro, necesariamente debe pasar por un proceso de devaluación a lo largo de los pagos. Sin embargo, podríamos imaginar que el dinero de un país, aunque su poder adquisitivo intrínseco caiga, debe conservar cierto valor, ya sea la mitad, la décima parte o la centésima parte del valor legal en oro.

De hecho, nos sorprende ver que el Reichsmark alemán hoy no tiene un valor, sino dos valores, es decir, un valor interno y un valor externo considerablemente más bajo. El valor interno, es decir, el poder adquisitivo del marco en Alemania, ha caído con el tiempo a aproximadamente una duodécima parte de su valor preguerra, y los precios y salarios han aumentado en promedio doce veces en relación con el valor preguerra.

El valor externo, por otro lado, es decir, el poder adquisitivo del marco en el extranjero, ha caído mucho más, a aproximadamente una veinticincoava parte de su valor preguerra. Esto se puede ver claramente en el tipo de cambio en Nueva York y el precio del oro. En el extranjero, el marco ha sido devaluado dos veces más que en el país. Esta es una anormalidad que raramente se observa con tanta fuerza. Pues contradice todas las leyes económicas. Sobre todo, contradice el hecho de que la mercancía, a través de sus entradas y salidas, constantemente se esfuerza por ajustar el valor interno del dinero nacional a su valor externo. El valor externo e interno del dinero normalmente se mantienen en equilibrio gracias al comercio exterior, y una consideración muy simple nos dice que, en principio, no puede ser diferente.

Si el poder adquisitivo del dinero en un país disminuye a la décima parte, es decir, si los precios aquí aumentan diez veces, todas las mercancías extranjeras parecerán baratas porque su precio se ha mantenido sin cambios. En consecuencia, comienza una fuerte importación. Siempre verás, querido James, que una depreciación del dinero en el país se sigue primero de un aumento en las importaciones y un saldo comercial negativo. Pero la importación adicional debe ser pagada, y eso en moneda extranjera. Como resultado, hay una fuerte demanda de letras de cambio y moneda extranjera, lo que provoca que sus precios suban, lo que significa simplemente la devaluación del dinero nacional en el extranjero, en resumen, el "valor externo" del dinero disminuye en consecuencia.

Si el valor externo del dinero disminuye a la vigésima quinta parte de su valor original, es decir, si se necesita pagar cinco veces más el precio por bienes importados, las mercancías extranjeras, en comparación con los bienes locales diez veces más caros, todavía parecerán baratas, y su importación continuará. En consecuencia, el aumento del tipo de cambio, o mejor dicho, la disminución del valor externo del dinero, continúa hasta que este último ha caído a la décima parte de su valor original. Solo entonces la mercancía extranjera se vuelve diez veces más cara para el comprador local, y solo entonces la importación deja de aumentar, porque el nivel de precios internos y externos se iguala.

Vemos, por lo tanto, que el equilibrio de la balanza de pagos de un país solo se logra cuando los tipos de cambio se han deteriorado en la misma medida en que la moneda nacional ha perdido poder adquisitivo; en otras palabras, cuando el valor externo de la moneda nacional ha disminuido al mismo bajo nivel que su valor interno. El valor externo normalmente no podría disminuir aún más, pues eso significaría un aumento en los precios extranjeros por encima de los precios locales y eso llevaría inmediatamente a un aumento en las exportaciones, elevando así nuevamente el valor externo. Pero tampoco podría disminuir menos que el valor interno del dinero nacional, ya que la creciente importación, que ocurre en este caso, genera una deuda con los países extranjeros y una demanda de cambio extranjero, lo que finalmente empuja el valor externo hacia abajo con fuerza, hasta el punto más bajo del valor interno.

Los valores internos y externos del dinero, por lo tanto, buscan alinearse. El comercio exterior, en sus diversas manifestaciones, impone esta correspondencia repetidamente y no se deja impedir por barreras aduaneras y prohibiciones de exportación para cumplir su obligación de acercar los dos valores monetarios fluctuantes hacia un centro común.

Sé, querido James, que con lo que acabo de decir estoy

poniendo a prueba tu confianza en mí. Pues acabo de descubrir que el poder adquisitivo del marco en el extranjero es solo aproximadamente una veinticincoava parte de su valor preguerra, mientras que en Alemania todavía es aproximadamente una duodécima parte de ese valor; es decir, un mismo billete bancario puede comprar el doble aquí de lo que puede comprar en el extranjero. Este hecho, que ninguna teoría económica nacional puede eliminar, es de hecho incompatible con la correspondencia fundamental entre el valor externo del dinero y su valor interno, como yo afirmaba.

Además, ni siquiera se puede decir que esta sea una de esas conocidas excepciones que confirman la regla. Pues la divergencia entre los dos valores está lejos de ser un fenómeno reciente, y puede rastrearse durante bastante tiempo, casi desde el inicio de nuestra moneda en dificultades.

La única diferencia es que la relación entre el valor interno y externo cambia continuamente, con uno teniendo un mayor poder adquisitivo y el otro, un mayor valor. A principios de 1920, por ejemplo, el valor externo del marco era poco más de la mitad de su valor interno. Pero unos meses después, en el verano de 1920, ocurrió lo contrario: un billete alemán podía comprar considerablemente más en el extranjero que en el país.

Y hoy, las cosas están nuevamente aproximadamente como estaban en febrero de 1920. Las dos categorías de valor siempre se alternan, y aunque se encuentren temporalmente al subir y bajar, generalmente hay una considerable distancia entre ellas. Lo normal aquí no es el acuerdo, sino la divergencia.

Pero ¿cómo se relaciona esta divergencia entre el valor interno y externo del dinero con el teorema de que los dos valores están constantemente buscando acuerdo? Bueno, se relaciona muy bien con eso, siempre y cuando se lea correctamente el teorema y se ponga énfasis en la palabra "se esfuerzan". El resultado es el hecho muy simple de que el valor interno y el valor externo de una moneda constantemente intentan encontrarse en cierto punto, pero que siempre pasan por ese punto, es decir, siempre se mueven hacia arriba y hacia abajo, alejándose del valor medio común, tal como está el sistema monetario del país en la actualidad, en Alemania.

Los hechos son claros como la luz del día. Cuando la devaluación de la moneda en un país alcanza cierto grado, digamos, nueve décimas partes del valor normal, el poder adquisitivo interno y externo del dinero se esfuerza, de la manera descrita al comienzo de esta carta, por encontrarse en base al nuevo valor de una décima parte.

Durante un tiempo, es posible que las tasas de cambio suban quince veces, mientras que los precios en el país aumentan solo siete veces. Pero esta anomalía no es permanente. Muy pronto, las tasas de cambio caerán, aproximadamente doce veces, mientras que los precios internos aumentarán aproximadamente nueve veces; hasta que un día los dos valores se encuentren en el nuevo nivel correspondiente a la verdadera devaluación del dinero, es decir, diez veces.

Este encuentro es inevitable y ocurre rápidamente, si, y solo si, la condición asumida es correcta, es decir, que el valor de la moneda nacional sea realmente una décima parte de su valor anterior, ni más ni menos. Sin embargo, esta condición solo se cumple si el valor real de la moneda nacional está fijado en su nueva base, anclado aquí, por así decirlo. Y eso es tan poco cierto en Alemania hoy como en la mayoría de los Estados del este de Europa afectados por la devaluación.

En todos estos países, la impresora de dinero continúa trabajando sin descanso, el suministro de dinero aumenta y el valor real de la moneda nacional se hunde en consecuencia. Si el valor real acaba de alcanzar una décima parte del valor anterior en oro, y si el valor externo y el valor interno de la moneda, es decir, las tasas de cambio y los precios, acaban de comenzar a ajustarse a esa décima parte, el valor real ya está cayendo a una duodécima parte bajo la influencia de la impresora de dinero. Y antes de que estos dos valores se hayan acercado a este nuevo equilibrio, el equilibrio ya ha caído nuevamente, a una décima quinta, una décima octava, una veinticincoava.

Cada nueva caída, sin embargo, no solo impide la correspondencia del valor interno con el valor externo del dinero, desplazando continuamente el punto común de reposo hacia el cual están esforzándose, sino que también introduce una nueva y agravada perturbación en el proceso de igualación de valores; empuja rápidamente el valor interno en una dirección y luego el valor externo, que se opone a la igualación y hace que la brecha que acababa de estrecharse vuelva a adquirir dimensiones considerables.

Debemos pensar en este proceso ampliamente de la siguiente manera: tan pronto como la impresora de dinero vierte nuevas masas de dinero en el mercado, es decir, tan pronto como se crea un nuevo poder adquisitivo, se produce un impacto en el mercado de bienes o en el de letras de cambio extranjeras. Pues el nuevo poder adquisitivo creado puede dirigirse preferentemente hacia el mercado de bienes domésticos, caso en el cual todos los precios aquí suben, y esto es conocido como una nueva "inflación".

O el nuevo poder adquisitivo puede dirigirse preferentemente hacia el mercado de bienes extranjeros y el mercado de medios de pago extranjeros, y entonces las tasas de cambio suben, esto se llama una nueva "caída de la moneda". En el primer caso, por lo tanto, el valor interno del dinero se deteriora, en el segundo, el valor externo. Pero en cualquiera de estos dos casos, la brecha entre ellos se amplía y el acercamiento al valor real de la moneda se vuelve más difícil. Este proceso se repite y se intensifica a medida que la impresora de dinero entra en nueva actividad y la inflación aumenta en el país.

Aquí está la verdadera razón y legitimidad de la tensión

entre el valor interno y externo del dinero raramente reconocida, se hacen intentos de vez en cuando en todos los países afectados por esta peculiar enfermedad de eliminar la tensión por medios artificiales o, lo que es particularmente popular hoy en día, por decreto. En Alemania, por ejemplo, siempre que el valor externo del marco esté particularmente bajo en comparación con el valor interno y el cambio extranjero deba pagarse mucho más caro que el valor real del marco, se le pide al comercio de exportación que no emita facturas en marcos, sino que "facture en moneda extranjera". Por lo tanto, se debe pedir a los países extranjeros que paguen no en remesas, sino en letras de cambio, es decir, no en marcos, sino en dólares, libras y florines, aliviando así al mercado alemán de la necesidad de cubrir su demanda de esas monedas en el mercado de cambio. Si como resultado, la demanda aquí disminuye, entonces, se argumenta, los precios de los medios de pago extranjeros caen, es decir, el valor externo del marco aumenta nuevamente hasta el nivel de su valor interno. Esto parece bastante plausible.

Sin embargo, cualquiera que se dé cuenta de que la tensión entre el valor doméstico y externo, aunque sea una anomalía, todavía tiene buenas razones económicas, será bastante escéptico acerca del éxito de la "facturación en moneda extranjera". Y, de hecho, los esfuerzos para afectar el valor externo del dinero a través del modo de pago son tan infantiles como inútiles. En realidad, no hace la menor diferencia si los deudores estadounidenses pagan a Alemania en marcos o en dólares.

Si pagan en marcos, las cantidades correspondientes de dólares faltan en Alemania y la demanda alemana de dólares aumenta el tipo de cambio del dólar, empeorando así el valor externo del marco. Por otro lado, los estadounidenses deben comprar billetes de marco, mejorando así el valor externo del marco exactamente en la medida en que la demanda alemana de dólares empeora ese valor.

Por otro lado, si los estadounidenses pagan en dólares, una demanda correspondiente de dólares desde Alemania puede ser satisfecha sin que suba el tipo de cambio y caiga en consecuencia el valor de mercado. Sin embargo, la demanda estadounidense de marcos deja de existir y, por lo tanto, no hay un factor de mejora que, de otra manera, elevaría el valor de mercado; en este caso, también, ventaja y desventaja se anulan.

Los medios técnicos y las regulaciones, mi querido James, no pueden eliminar el mal del "valor dual del dinero"; así como las perturbaciones orgánicas nunca son remediadas por intervenciones mecánicas, sino agravadas. Quien desee armonizar el valor externo y el valor interno de una moneda y fijar el sistema monetario en función de su valor real debe asegurarse de que la impresora de dinero se detenga. Solo entonces la anomalía de que una misma moneda nacional esté sujeta a dos valoraciones diferentes desaparecerá, junto con tantos otros males.

Preocupado,
Tu viejo padre.

DÉCIMA CARTA

Balanza de Pagos y Reparaciones

Política de valores e impuestos

Berlín, 28 de septiembre de 1921

Hay momentos, querido James, en los que resulta extraordinariamente difícil mantener una visión clara del contexto económico. Estos son momentos regulares cuando algún evento político o financiero de magnitud histórica mundial se destaca de tal manera que cubre todo el campo mental de visión. Entonces, incluso personas inteligentes a menudo no pueden distinguir qué procesos económicos deben atribuirse a ese tremendo evento y cuáles a otras causas. Están inclinadas a ver la raíz y origen de todos los fenómenos anormales solo en ese evento de magnitud histórica mundial, cuya enorme sombra oscurece todos los sentimientos y pensamientos contemporáneos. Alemania está pasando actualmente por un período de mentalidad hipócrita.

Difícilmente hay un evento económico que el alemán educado no vea como una consecuencia directa del problema dominante de "reparaciones", el pago anual de varios miles de millones en oro a los países vencedores de la Guerra.

Por lo tanto, no hay la menor duda en la mente de la mayoría de los economistas de que la caída aguda por la que ha pasado la moneda alemana en el último trimestre fue el resultado directo de las reparaciones. Alemania tuvo que pagar mil millones de oro a países extranjeros desde mediados de mayo hasta el 31 de agosto, y prepararse para nuevos pagos voluminosos en el período siguiente. Al mismo tiempo, el tipo de cambio del dólar en Berlín subió de 60 a 120 marcos, el tipo de cambio de la libra esterlina de 260 a 460 marcos, es decir, el poder adquisitivo del Reichsmark en el extranjero cayó a menos de una vigésima parte de su valor preguerra.

Que estos dos procesos: reparaciones y caída del valor de la moneda, están íntimamente ligados, parece ser tan obvio para la mayoría de las personas que darían lástima a un economista que quisiera dudar de esta conexión.

Y de hecho: en pocos meses, después de que el Reich Alemán tuvo que pagar mil millones de marcos en oro, en dólares, libras y otras monedas extranjeras; tuvo que comprar esos medios de pago en el mercado de cambio extranjero, ya que estaban disponibles solo en pequeña cantidad; ¿qué sería más natural en esas circunstancias que las monedas extranjeras, correspondiendo a la fuerte demanda con baja oferta, subieran rápidamente, y al mismo tiempo, los marcos alemanes se vendieran en todos los mercados mundiales a precios irrisorios para obtener los medios de pago extranjeros urgentemente necesitados?

La conexión causal entre reparaciones y el colapso de la moneda debe parecer bastante obvia incluso para aquellos que saben que los pagos de país a país se hacen aparentemente en letras de cambio y otros medios de pago, pero en realidad en bienes. Pues si el pago de mil millones de oro equivale a una exportación de bienes por la misma cantidad - a menos que intervengan créditos para ayudar - los productos alemanes deben ser hechos muy baratos para que los países extranjeros los compren en la cantidad necesaria. El importador en el extranjero naturalmente no compra cuando Alemania tiene una deuda que pagar y necesita su letra de cambio para este fin, sino cuando los productos alemanes le parecen baratos; de lo contrario, se abstiene de comprar, por más que Alemania dependa de él.

Y así parece seguirse de esta línea de pensamiento lógico que la caída en las tasas de cambio es la consecuencia directa e inevitable de las reparaciones.

Y sin embargo... y sin embargo...

Yo afirmo, y lo demostraré de inmediato, que la caída en el valor de la moneda no fue el resultado de las reparaciones, sino el resultado de un error al elevar el monto de las reparaciones. Ningún pago a un país extranjero, incluso si fuera diez veces mayor que la suma actual, empeoraría el valor del país pagador, siempre y cuando al hacer el pago de manera correcta, razonable y natural se siga.

Debemos distinguir cuidadosamente aquí, querido James, entre dos cosas fundamentalmente diferentes, a saber, entre la posibilidad de recaudar una cantidad determinada y la otra posibilidad de transferir la cantidad recaudada al exterior. Existen, por supuesto, pagos que exceden la capacidad de un país. No quiero entrar en la cuestión de si esto se aplica o no a los pagos anuales impuestos a Alemania, porque la cuestión no tiene nada que ver con nuestro tema, especialmente porque Alemania realmente recaudó el mil millones crítico en el caso que nos interesa. Pero la posibilidad siempre existe, por supuesto, de que un país, con la mejor de las intenciones, no esté en condiciones de hacer un pago prescrito. Sin embargo, la cuestión de 'transferencia' debe separarse rigurosamente de esta cuestión de 'adquisición'. Pues aquí no hay imposibilidad. Una vez que un país ha logrado recaudar una suma de dinero para un país extranjero en su propio país, la transferencia técnica de la suma al exterior no representa la menor dificultad. Esto ocurre de la manera más simple posible, incluso de forma automática, sin ninguna dificultad en el mercado de cambio. No hay cuestión de una catástrofe monetaria.

Un ejemplo práctico aclarará el asunto para ti:

Supongamos que un país en el que prevalece la moneda franco debe pagar 1 mil millones de florines a los Países Bajos en un determinado período de tiempo. Para esto, primero debe recaudar una cantidad equivalente, digamos 2 mil millones de francos, domésticamente. Si no puede hacerlo, porque los impuestos y títulos tan elevados no pueden ser recaudados, el país debe declararse insolvente; no porque no pueda pagar 1 mil millones de florines holandeses en un corto período de tiempo, sino porque no es capaz de hacerlo. No es porque 1 mil millones de florines holandeses no puedan ser recaudados en tan poco tiempo, sino porque su economía es incapaz de recaudar 2 mil millones de francos. Si, por otro lado, logra proporcionar esos 2 mil millones de francos, ya sea mediante impuestos, títulos o ambos tipos de recaudación, entonces el país enfrenta la tarea de realizar la conversión de francos a florines. ¿Cómo se resolverá esta tarea?

Se resuelve de manera muy simple, como vemos inmediatamente cuando visualizamos toda la transacción en sus detalles.

La primera medida financiera, como vimos, fue la captación de 2 mil millones de francos mediante impuestos o títulos. Con esta cantidad, el Estado debilitó el poder de compra en el país. Retiró grandes sumas del mercado monetario, de manera que algunos bancos se ven obligados a vender acciones, bonos, etc., de sus reservas, mientras que otros bancos deben restringir sus préstamos, lo que, a su vez, obliga a muchos industriales, comerciantes y capitalistas a vender valores mobiliarios. El resultado: una fuerte presión en los precios en el mercado de valores, con el efecto de que valores y bonos de renombre internacional fluyen al extranjero, donde los mercados de bonos aún están en mejor forma. Otra parte de la suma retenida por el Estado falta a mayoristas, importadores y especuladores de materias primas, quienes, en consecuencia, se ven obligados a reducir sus inventarios, lo que también ejerce presión en los precios en el campo de bienes mundiales (algodón, metales y otros artículos básicos), haciendo que los bienes fluyan al extranjero y reteniendo grandes cantidades adicionales de mercancías que, en otras circunstancias, habrían fluído hacia el país, alejándose de él.

Del mismo modo, todas las demás áreas económicas se ven afectadas por una grave escasez de dinero, lo que fuerza ventas e impide compras, de modo que finalmente todo el nivel de precios en el país sufre una presión que hace que bienes de todo tipo fluyan al extranjero con precios inalterablemente altos. Pero todos estos efectos, artículos básicos y otros bienes, deben ser pagados en el extranjero. Así, grandes cantidades de medios de pago extranjeros están disponibles, y el estado, que necesita pagar 1 mil millones de florines, no tiene que hacer nada más que comprar estos medios de pago ofrecidos con la ayuda de los 2 mil millones de francos obtenidos anteriormente y cambiarlos en el extranjero, con la ayuda del arbitraje de cambio, por florines.

¿Hay algo más sencillo que este proceso? Los bienes que ya no pueden ser comprados internamente porque el Estado privó a la economía de 2 mil millones de francos en poder de compra fluyen - deben quedarse en algún lugar - hacia el extranjero, y el precio de compra que el país extranjero paga por ellos compone el 1 mil millones de florines que el estado necesita para su pago. Por lo tanto, en realidad, el Estado paga con los bienes que obliga a su población a exportar emitiendo impuestos o títulos.

Todo el proceso, después de recibir los ingresos fiscales y los ingresos de los títulos, ocurre de forma completamente automática, sin la menor lubricación técnica y sin choques en el mercado de cambios. Una política financiera hábil será capaz incluso de obtener cambio a tasas muy favorables, porque como resultado de la fuerte exportación de bienes, hay una oferta correspondiente de letras de cambio extranjeras. Sin embargo, el lado negativo es que habrá una caída considerable en los precios en el país, porque el precio en descenso es el imán que atrae la demanda extranjera y, por lo tanto, promueve las exportaciones. En este caso, la mercancía es inducida a desempeñar su papel como medio de pago internacional directamente por el momento del movimiento de precios, en lugar de las transferencias a través de la tasa de cambio.

Pero la caída en los precios no asume formas catastróficas, sino que se detiene inmediatamente una vez que se alcanza su propósito económico, la promoción de las exportaciones. Por cada letra de cambio extranjera que las exportaciones envían al Estado, este último proporciona la cantidad correspondiente de francos, que inmediatamente ejerce su poder de compra nuevamente y mantiene el nivel de precios. Si, al final de toda la operación, el Estado ha recibido los 1 mil millones de florines necesarios, también habrá devuelto los 2 mil millones de francos que se retiraron de circulación, de modo que el poder de compra en el país regresa a su nivel original.

Este ejemplo nos muestra, querido James, que los 1 mil millones de marcos de oro pagados por Alemania en agosto no pueden ser culpados por la reciente crisis cambiaria. Si se hubiera aplicado la política financiera correcta, el resultado debería haber sido una caída pronunciada en los precios en Alemania, con estabilidad simultánea en el tipo de cambio. En cambio, experimentamos exactamente lo contrario: los precios aumentaron considerablemente y el tipo de cambio se deterioró catastróficamente. La exportación necesaria de bienes no ocurrió naturalmente a través de los precios, sino anormalmente a través de las tasas de cambio, con el resultado desastroso de que se abrió una brecha entre el valor interno y externo del marco. ¿Y el motivo? El Reich obtuvo las sumas necesarias para el pago de las reparaciones, pero no mediante los medios legítimos de tributación y préstamos, sino mediante los medios ilegítimos de la impresora.

Al no retirar del mercado suficiente poder de compra, el Reich impidió que los precios en Alemania se establecieran en una "base de exportación". Como resultado, ningún bien podía fluir hacia afuera y no se podían obtener divisas extranjeras. Por lo tanto, el Reich no tuvo más opción que ofrecer precios tan fantásticos para el cambio extranjero que el valor externo del marco se redujo a la mitad. Solo de esta manera, indirectamente, el precio de los marcos alemanes finalmente cayó en el mercado mundial, lo que era necesario para inducir a los países extranjeros a comprar. Esta reducción de precio tuvo que ser enorme para tener algún efecto. Pues una presión de precios que no es un producto natural del mercado, sino que es causada por el golpe agudo de la crisis cambiaria, con una fuerza bruta, por así decirlo, ejerce solo una atracción muy pequeña en el deseo del comprador extranjero de comprar, porque el riesgo cambiario y otros riesgos pueden reducir considerablemente el beneficio del comprador extranjero o incluso convertirlo en pérdida.

La exportación de bienes solo reacciona a la presión de precios ejercida por la tasa de cambio si el precio cae extraordinariamente por debajo de los precios comparativos del país extranjero. Esto no solo significa una pérdida inmediata para el país que debe pagar, en nuestro caso Alemania, que tiene que ofrecer la mitad de sus productos de esta manera, sino que al mismo tiempo crea una atmósfera hostil en el extranjero, que ve los precios anormalmente baratos como "dumping" y "vaciamiento" y se opone a ellos. El hecho de que Alemania no esté practicando el dumping voluntariamente, sino que esté actuando bajo la presión de una política financiera incorrecta, naturalmente es aún menos reconocido en el extranjero que en el país.

Así, una vez más, querido James, encontramos al

archienemigo de cualquier economía saludable: la inflación. Si la humanidad tuviera una vaga idea de los efectos desastrosos que la impresora ejerce incluso en áreas que parecen no tener nada que ver con ella, cualquier estadista consciente preferiría que su mano se marchitara antes de ofrecerla para operar una máquina tan infernal.

Y yo mismo... bueno, no necesitaba escribir esta carta para ti.

Con amor,
Tu Viejo Padre.

UNDÉCIMA CARTA

Valuta y "Dumping"

Medidas antidumping

Berlín, 1 de octubre de 1921

Como vimos, querido James, no hay nada más natural que el valor del dinero en un país se divida en un valor interno y un valor externo divergentes tan pronto como la cantidad, composición y poder de compra del dinero cambien constantemente debido a la impresión continua de billetes. Dependiendo de si el poder de compra incorporado en los nuevos billetes se utiliza en el país de origen o en el extranjero, impulsa el aumento del nivel de precios o de los tipos de cambio, perturbando así la correspondencia entre el valor interno y externo de la moneda nacional.

En tiempos políticos y económicamente tranquilos, el nuevo poder de compra tiende a operar primero en el país y aumentar los precios aquí, de modo que el dinero en manos de los ciudadanos del país ya pierde valor si todavía está valorado y utilizado en el extranjero por el valor anterior. Por otro lado, en tiempos de turbulencia política, hay un clima general de pánico y, en particular, profunda desconfianza en el desarrollo del valor de la moneda del país. En estos momentos, con inflación persistente, el poder de compra recién creado tiende a buscar inversiones y medios de pago extranjeros, empujando así el valor externo de la moneda a un nivel mucho más bajo que su valor interno. El movimiento de bienes corrige gradualmente esta disparidad, pero la corrección es dolorosa tanto para el país de origen como para el país extranjero.

En casa, se percibe como una escasez de bienes, y en el extranjero, como 'dumping', lo que lleva a guerras comerciales y otros conflictos internacionales. Dado que Alemania actualmente se enfrenta a una situación con un valor externo de su moneda desproporcionadamente bajo, lo que resulta en una exportación involuntaria de su moneda, surge la pregunta de si tanto la disparidad monetaria como la exportación de dinero no pueden ser eliminadas mediante medidas adecuadas. Por ejemplo, acelerando artificialmente el acercamiento del valor interno aún relativamente alto del dinero al valor externo más bajo, lo que ocurriría naturalmente con el tiempo.

Existen recursos para una corrección acelerada. Por ejemplo, un aumento general de salarios en el país puede forzar un aumento en el nivel de precios, es decir, una reducción del valor del dinero en el país, y así interrumpir indirectamente las exportaciones a precios excesivamente bajos. O, al imponer impuestos de exportación, es posible aumentar el precio de los bienes nacionales para los compradores extranjeros a tal punto que ya no haya cuestión de exportación con pérdidas.

En teoría, tal lucha contra el dumping, que se percibe como perjudicial, parece muy adecuada. Sin embargo, en la práctica, queda en evidencia repetidamente que suprimir artificialmente las consecuencias naturales de los procesos económicos es imposible. La nocividad de tales esfuerzos queda claramente evidente en este mismo caso. Veamos el caso en el que un aumento artificial de precios en el país o una alta tarifa de exportación realmente logró reducir considerablemente las exportaciones de bienes. La primera consecuencia que sería evidente sería una escasez de medios de pago extranjeros en el mercado de cambios, ya que los países extranjeros naturalmente pagan menos cuando compran menos.

Como hemos visto, hay una demanda extremadamente fuerte de medios de pago extranjeros en el mercado de cambios, precisamente esta demanda, que surge de la fuga del poder de compra recién creado del país, es la verdadera causa de la rápida caída en los tipos de cambio y, por lo tanto, también del dumping que se pretende combatir. Esta demanda no se debilita por las medidas de política de precios y tarifas contra el dumping, sino que se fortalece.

Si, como resultado de la caída en las exportaciones, los medios de pago buscados en el mercado de cambios extranjeros están disponibles solo en menor cantidad, es inevitable que este desequilibrio empeore considerablemente los tipos de cambio, debilitando aún más el valor externo de la moneda nacional. Y esta depreciación debe continuar hasta que la exportación suprimida de bienes comience nuevamente y proporcione al mercado de cambios la cantidad necesaria de medios de pago extranjeros que falta.

Por lo tanto, si no es posible bloquear la fuente de la disparidad entre el valor interno y externo del dinero, es decir, evitar la fuga del poder de compra nacido de la inflación del país, entonces la disparidad en sí misma y su consecuencia necesaria, la exportación centrífuga, no pueden ser eliminadas. Por el contrario, cualquier intento de contener artificialmente las exportaciones conduce a un agravamiento adicional de la disparidad, una mayor tensión entre el valor interno y externo del dinero.

Los países extranjeros también son impotentes ante el dumping. Sus prohibiciones de importación y aranceles defensivos pueden proteger a ciertos países o industrias de la competencia del dumping, pero solo desviándola hacia otros países u otras industrias. Incluso con las medidas más estrictas, los países extranjeros no pueden detenerlo por completo. Tan pronto como el país bajo el signo de la inflación quiere o necesita hacer pagos al exterior, nadie puede evitar que la "mercancía" medio de pago mundial realice su servicio de pago, y esto a precios muy por debajo del nivel de precios del mercado mundial.

Consideremos el curso de una lucha extranjera contra el dumping. Supongamos que los principales estados comerciales extranjeros han acordado prohibir las exportaciones de un país con un valor externo de la moneda unilateralmente bajo y, por lo tanto, precios de exportación de dumping mediante un arancel prohibitivo del 300%, tres veces el valor de los bienes. Supongamos además, para elegir el peor escenario, que no es posible para el país exportador garantizar otros territorios de venta en lugar de los grandes países importadores bloqueados. ¿Cuál es la consecuencia? En la primera etapa, por supuesto, una paralización completa de las exportaciones. Por más baratos que sean los bienes, un arancel aduanero del 300%, es decir, cuadruplicar el precio, los hace insoportables sin más dilación; el arancel actúa como un boicot. Como resultado, el mercado cambiario extranjero del país boicoteado comienza a quedarse sin moneda extranjera, y la demanda, en ausencia de oferta, hace que los tipos de cambio suban rápidamente, digamos un 100%. La disparidad entre el valor interno y externo de la moneda aumenta, pero sin ningún aumento apreciable en el material de cambio extranjero ofrecido, ya que incluso en esta segunda etapa, el bloqueo arancelario extranjero no permite el paso de ningún bien, o como máximo solo bienes con un valor sentimental tan alto que los compradores extranjeros acepten voluntariamente la prima de precio.

La consecuencia inevitable es un mayor aumento en los tipos de cambio, un aumento adicional en la tensión entre el valor interno y externo de la moneda. Hasta que finalmente se alcance la tercera etapa, es decir, la etapa en la que los tipos de cambio (o la tensión) alcancen el punto en el que el arancel del trescientos por ciento del país extranjero se vuelve ineficaz, porque ahora la moneda nacional se ha vuelto tan barata para el extranjero que todavía compra considerablemente por debajo del precio del mercado mundial, incluso con el arancel incluido. Y ahora los bienes están fluyendo nuevamente al exterior como si el arancel aduanero ni siquiera existiera.

El país extranjero no puede hacer nada contra el dumping por la fuerza. En lugar de lograr el objetivo deseado, solo arruina la moneda del país del dumping. Y, por lo tanto, no solo ese país, sino también el país extranjero en sí, se ve seriamente dañado, porque en la medida en que el valor externo del dinero en el país del "dumping" disminuye, cada importación allí se vuelve más difícil.

Los bienes extranjeros se vuelven más caros para este país exactamente en la misma medida en que aumenta el precio de las letras de cambio extranjeras con las que se deben pagar los bienes. El arancel prohibitivo, por lo tanto, no mata la exportación del país contra el cual está dirigido, sino que, al contrario, mata la exportación del país extranjero en general, considerada como un todo, que impuso el arancel.

Si ahora, querido James, para llevar el problema hasta el final, nos preguntamos qué sucedería en el caso (prácticamente bastante improbable) de que todos los países extranjeros se aislaran contra las importaciones del país del dumping mediante prohibiciones radicales de importación, la respuesta es obvia. Entonces solo hay dos posibilidades: o habrá una caída tan grande en el valor de los bienes en el país del dumping que los precios de exportación caerán a un mínimo, creando así un premio significativo en las importaciones clandestinas en el exterior, y el comercio legítimo será reemplazado por el contrabando. En este caso, las prohibiciones de importación resultan ineficaces.

O, si la importación se detiene realmente -una condición

muy improbable, ya que la exportación también se extiende a derechos abstractos, por ejemplo, acciones de capital, así como servicios- entonces la exportación en el país del dumping efectivamente cesa.

Pero no como resultado de ningún cambio en el modo de pago en el que el país del dumping realiza su pago voluntario o forzado al país extranjero, no como resultado de reemplazar el medio de pago "mercancía" con cualquier otro medio de pago. Sino simplemente porque el país del dumping ya no paga.

Una vez que ahora está privado de cualquier posibilidad de exportar bienes y, por lo tanto, de generar el material de cambio extranjero necesario para los fines de pago, ya no puede obtener ningún medio de pago libre, sin importar cuán bajo sea su moneda. A pesar de la buena voluntad de pagar, en realidad está insolvente. Por lo tanto, al matar la exportación de precio de dumping, el país extranjero solo se ha privado de los pagos que de otra manera habría recibido.

La aplicación práctica en el caso de las reparaciones alemanas es que, mientras el país extranjero insiste en el pago, también debe aceptar la correspondiente exportación alemana. Y mientras Alemania obtiene los medios para las reparaciones en casa, emitiendo billetes, es decir, a través de la inflación, su exportación de reparaciones debe tener necesariamente el carácter de una exportación de precio de dumping.

Hoy, el observador imparcial se enfrenta al ridículo cuadro de que todos los países exigen pagos, pero al mismo tiempo rechazan la mercancía con la que esos pagos pueden realizarse.

¡Cuánto ignoran los principales financiadores y economistas el ABC de la economía y cuánto desconocen la fuerza compulsiva de las leyes económicas, al creer que pueden reemplazar estas leyes con sus dictados y flujos de tinta! ¡Es lamentable que tú y yo no vivamos para ver el día en que nuestros bisnietos se carcajearán cuando lean sobre esta locura en sus libros de texto!

Eso es todo, no puedo ver más tinta hoy.
Tu viejo padre.

CARTA DUODÉCIMA

¿Volver a la moneda de oro?

Conveniencia y Posibilidad de Devolución

Berlín, 5 de octubre de 1921

Q uerido James,

Todos los países que hoy están gimiendo bajo el flagelo de la caída del valor de su moneda se enfrentarán pronto a la importante cuestión: "¿Volver al patrón oro o no?"

Esta cuestión se dividirá en dos subcuestiones, a saber: en primer lugar, si el retorno es aconsejable y si vale la pena los sacrificios financieros que puedan tener que hacerse para ello; y en segundo lugar, si esta cuestión se responde afirmativamente, ¿es posible el retorno sin haber hecho preparativos organizativos completos y enormes transformaciones económicas?

En cuanto a la conveniencia, la respuesta no puede tener dudas por un momento. La completa perturbación del sistema monetario, que ha ocurrido en todos los lugares donde se abandonó el patrón oro, dejó claro de manera tangible la superioridad del oro sobre el dinero fiduciario, a pesar de la equivalencia teórica de este último. Como sabemos por las cartas anteriores, la superioridad del oro es triple.

En primer lugar, garantiza una sólida constitución monetaria simplemente por su existencia. Funciona, como dicen los ingleses, "por ser". Incluso si es una moneda de oro débil, como era antes de la guerra en todos los países llamados países de patrón oro, excepto Inglaterra (porque en todos los lugares se construyó una pirámide de papel sobre la base de oro), todavía ofrece una valiosa protección contra experimentos monetarios muy audaces y contra una inflación excesiva. Incluso donde no existe una correspondencia numérica entre el dinero en circulación y las reservas de oro, que caracteriza al patrón oro completo, sino solo prevalece el principio de cobertura de 1/3, el oro establece ciertos límites bastante estrechos al suministro de dinero en el país, evitando así una inundación arbitraria del país con billetes. Además, donde sea que se adopte, el oro ejerce una especie de autodefensa que dificulta a los gobiernos romper con él a su antojo. Crea muy rápidamente una tradición de oro, una especie de benevolente "fetichismo del oro" que hace que incluso los gobiernos inexpertos en economía monetaria se abstengan de atacar al patrón oro y garantiza la continuidad de esa protección contra la inflación hasta que las catástrofes políticas provoquen una dictadura de imprudencia.

Además, existen valiosos servicios activos que el oro presta a la moneda del país en el extranjero y, por lo tanto, a las relaciones comerciales internacionales del país. Donde predomina el oro, los tipos de cambio, que expresan el valor de la moneda nacional en moneda extranjera, solo pueden oscilar en fracciones porcentuales, porque cuando se alcanza el punto "alto" o "bajo" del oro, el oro fluye inmediatamente hacia fuera o hacia adentro. De esta manera, la circulación de dinero en el país se ajusta de manera más precisa a las exigencias de la balanza de pagos, de modo que los tipos de cambio regresan rápidamente a su nivel normal. Tanto en el país como en el extranjero, todos conocen el valor de la moneda nacional en relación con la moneda extranjera, lo que brinda al comercio exterior y las transacciones de capital la seguridad necesaria para evitar la especulación en detrimento del país.

El tercer servicio que el oro presta al país se deriva de los dos primeros. Al proteger el sistema monetario contra la inflación y anclar la moneda a un nivel fijo y normal, hace que el país sea altamente digno de crédito. Incluso un pequeño aumento adicional en las tasas de interés ofrecidas por los bancos del país atrae grandes cantidades de capital extranjero, mientras que en un país con una moneda fuertemente fluctuante, incluso una tasa de interés más alta no tiene efecto, ya que el riesgo cambiario amenaza con absorber el beneficio de los intereses.

En un país con una moneda basada en el oro, por lo tanto, el equilibrio de pagos se mantiene no solo mediante importaciones y exportaciones de oro, sino también a través del crédito (y la arbitraje estrechamente relacionada).

Y en tiempos de paz, apenas habrá necesidad de dinero, ya sea público o privado, que el país extranjero no satisfaga de inmediato si el país que busca crédito tiene una moneda basada en el oro.

Por lo tanto, la pregunta "¿Volver al patrón oro o no?" probablemente será respondida en todos los lugares con un firme "sí".

Pero, ¿qué hay de la posibilidad de esto en países que han devaluado su moneda en catorce décimas o noventa y nueve centésimas mediante enormes masas de papel?

Bueno, la posibilidad, querido James, está presente en todas partes, incluso en los países más devastados por la inflación, siempre que haya un retorno a una gestión financiera sensata. El patrón oro es una planta poco exigente y prosperará incluso en suelo árido, siempre que esté sano. Todo lo que se necesita es que los países que anhelan el patrón oro administren sus finanzas como lo haría cualquier jefe de familia cuidadoso, es decir, de manera que los gastos no superen los ingresos. Entonces, no hay necesidad de recurrir a la impresora. Y donde esto no suceda, el patrón oro se establecerá por sí solo con un menor deseo por ello.

Este proceso ocurre de manera muy sencilla. Tan pronto como la impresora de dinero en un país se apaga finalmente, el valor de la moneda extranjera, que continuó deteriorándose con fuertes fluctuaciones, se estabiliza. Pues, cuando los tokens de dinero y el poder adquisitivo inherente a los tokens de dinero ya no están sujetos a cambios arbitrarios debido a la aparición de nuevas masas de billetes, los precios en el país se fijan en función del valor monetario ahora estable. Los bienes fluyen de manera más tranquila hacia dentro y fuera del país, se establece cierta igualdad de nivel con los precios del mercado mundial y ocurre una consolidación de los tipos de cambio, cuyos péndulos oscilantes, antes tan violentos, se hacen cada vez más pequeños. Sin embargo, estas oscilaciones no se detienen por completo, ya que todavía no hay un elemento que reaccione a cada oscilación, por más pequeña que sea, y ponga el péndulo en reposo al desplazarlo de acuerdo. Pero es reconocible que las oscilaciones ocurren alrededor de un punto central determinado, y ese punto es aquel que corresponde al nuevo valor mundial de la moneda nacional. Determinar ese punto es una cuestión de política experimental de cambio extranjero. Algún órgano central en el país siempre compra moneda extranjera cuando las tasas de cambio están por debajo del punto intermedio supuesto y la entrega de nuevo cuando las tasas de cambio exceden ese punto.

Puede suceder que este procedimiento muy sencillo no tenga éxito en el primer intento, por ejemplo, que el órgano central vea que su reserva de moneda extranjera se agota muy rápidamente porque las tasas de cambio están mucho más frecuentemente por encima que por debajo del punto intermedio, la nueva paridad del oro. Entonces, eso es una señal de que esa paridad aún no ha sido determinada correctamente y que es, de hecho, un poco más alta de lo previsto. Por lo tanto, se debe continuar el experimento y buscar un nuevo punto intermedio hasta que se encuentre donde la salida y la entrada del material de cambio estén en equilibrio. Una vez que se haya establecido ese punto, esa nueva paridad, y si ha sido posible, mediante la continuación de las compras de cambio extranjero, acumular una reserva de cambio que las salidas ocasionales ya no puedan agotar, entonces se tiene: la nueva moneda de oro. Pues el órgano central puede, en ese momento, convertir su reserva de billetes extranjeros en oro mediante descuento o venta en el extranjero y hacer que se remita el valor equivalente en oro.

Sin embargo, esto aún no es una "moneda de oro completa", sino solo una moneda de oro parcial, es decir, una moneda que tiene un núcleo de dinero en papel y un borde de oro, que garantiza la equivalencia de valor del dinero en papel con la nueva paridad del oro mediante salidas e ingresos. Pero, para empezar, una moneda de oro parcial es suficiente. Cumple su propósito de mantener los tipos de cambio estables, colocar todas las relaciones externas del país sobre la base segura de un valor monetario fijo y restaurar la capacidad de crédito internacional del país. Grandes países, como la antigua Monarquía Austro-Húngara, han logrado hacerlo durante décadas con una moneda de oro parcial.

Poco a poco, se puede avanzar hacia la moneda de oro completa. El órgano central aumentará sus reservas de cambio extranjero, retirará los valores en oro en los que están denominados los títulos de cambio en el vencimiento o incluso antes, mediante venta o descuento, hasta que un día se sienta lo suficientemente fuerte como para dar el paso llamado "reanudación de pagos en efectivo". El órgano central, que idealmente será idéntico al banco central emisor, donde exista tal banco, se declara listo para entregar oro a cambio de billetes a cualquier portador de dinero en papel que lo solicite.

Según toda la experiencia, una reserva de oro equivalente

a un tercio del papel en circulación es suficiente para garantizar que el oro sea suficientemente redimido. En este caso, tampoco estamos tratando con una moneda de oro completa en el sentido ortodoxo, ya que esto requiere que cada billete bancario en el país esté cubierto pieza por pieza por oro. Sin embargo, es la moneda de oro normal que satisface los requisitos prácticos, como tenía Alemania hasta el comienzo de la guerra.

¿Cuánto oro es necesario para establecer tal moneda de oro en Alemania, sobre la base del principio de cobertura de un tercio? Las ideas más aventuradas al respecto son generalizadas. De hecho, una moneda de oro se puede establecer en Alemania con una reserva de oro solo ligeramente mayor que la que el Reichsbank alemán ya posee hoy.

Un pequeño cálculo aclarará esto rápidamente, hijo mío. Hasta principios de octubre de 1921, aproximadamente 90 mil millones de marcos en papel fueron puestos en circulación en Alemania. De esta cantidad, aproximadamente 10 mil millones están en Bélgica y Francia, donde fueron cambiados por francos después de la guerra. Otra gran cantidad está en manos de la especulación internacional. Se estima que está entre 30 y 40 mil millones, pero queremos ser cautelosos y considerarlo solo como 20 mil millones, especialmente porque grandes sumas han regresado a Alemania en las últimas semanas. (Antes de que Alemania proceda a una reforma monetaria, tendrá que cambiar esos billetes por títulos y finalmente retirarlos de circulación). Esto deja alrededor de 60 mil millones en circulación en Alemania.

Hoy, el Reichsbank posee más de 1 mil millones en oro. Hace solo unas semanas, el valor de un marco en papel era de aproximadamente un doceavo o décimo tercero de un marco en oro. Sin embargo, como se puede ver por el movimiento general de los precios, su valor ha caído bruscamente recientemente, a alrededor de un quinceavo de un marco en oro: al menos ese es su valor interno, que queremos considerar como decisivo, ignorando el valor externo mucho menor. Los 1 mil millones de marcos en oro en posesión del Reichsbank son, por lo tanto, compensados por alrededor de 4 mil millones de marcos en papel. También podemos decir que los 60 mil millones de marcos en papel en circulación se compensan con aproximadamente 15 mil millones de marcos en oro en el Reichsbank. Ambos expresan el mismo hecho, es decir, que el dinero alemán en circulación hoy está cubierto por alrededor del 25% en oro, y que el Reichsbank tendría que aumentar sus reservas de oro de 1 mil millones a alrededor de 25 mil millones para lograr una cobertura de un tercio.

Alemania, por lo tanto, puede regresar al patrón oro hoy y reanudar los pagos en efectivo si el Reichsbank aumenta sus reservas de oro en mil millones de marcos en oro y si, -este "si" es, por supuesto, muy significativo-, la impresora de billetes se apaga inmediatamente.

Si eso no sucede, no equivaldrá a un fracaso necesario en el regreso al oro, sino que solo tendrá la consecuencia de que la base monetaria en la que ese regreso puede ocurrir se deteriora cada vez más. No será posible, como ocurre actualmente, convertir 15 marcos en papel en un marco en oro, sino que 100 o 1000 o incluso más marcos en papel se fusionarán en un marco en oro. La inflación no hace que la reforma monetaria sea imposible en ningún lugar ni en ninguna etapa, por más avanzada que sea. Solo empeora las condiciones para la reorganización. Incluso Rusia puede contar con el oro dentro de medio año si lo desea. Aquí, sin embargo, el cambio de rublos soviéticos en rublos de oro difícilmente se puede hacer de otra manera que no sea por peso: 1 kg de billetes de diez rublos equivale a 1 rublo de oro.

Para mí, querido James, no hay la menor duda de que los países europeos que se consideran grandes potencias o incluso solo potencias medianas reintroducirán el patrón oro dentro de algunos años. Pues el comercio y los intercambios solo volverán entonces a sus canales normales, liberados del dumping, la usura y la especulación, y el crédito mundial solo recuperará plenamente su función como regulador de la balanza de pagos cuando la moneda de los países recupere su antigua estabilidad de valor; y eso solo puede asegurar la moneda a largo plazo cuando la barra de oro vuelva a estar en su lugar, protegiendo el sistema monetario de los países contra el arbitrio y el diletantismo.

Lo que significa que estoy terminando de escribir esta carta.

Con amor, tu viejo padre.

AGRADECIMIENTOS

Gracias por leer.

Si está interesado en el tema y desea reservar una conferencia de este editor y traductor, que aborde el tema del dinero, envíe un correo electrónico a mateusmichelon@protonmail.com .

¿Quieres que este libro llegue a otras personas? ¿Te gustaría animar a otras traducciones? Puede hacer una donación en las siguientes direcciones/métodos de pago:

Bitcoin Adress
Lightning Network: seismicbait56@walletofsatoshi.com

On-Chain: bc1qj2ptg2jvr4fqsqcv2lnv0pp7j225ce64kmr9x9

También puedes ponerte en contacto y seguir mi trabajo en las redes sociales:

Twitter: https://twitter.com/Mateusmichelon
NOSTR (red social segura y sin censura https://nostr.com/) :
npub1dp3dp5p68d07vpkq93334em8pyzplg0nhrzxqw0fuctg8t8
73qmqs2n3vs

E-mail: mateusmichelon@protonmail.com

ACERCA DEL AUTOR

Alfred Lansburgh

Alfred Lansburgh (nacido en 1872) fue un economista alemán conocido por sus contribuciones en el campo del capital financiero. Se destacó como editor de la revista económica "Die Bank", donde publicó diversas investigaciones relacionadas con cuestiones financieras y de capital.

Como editor de la revista "Die Bank", Lansburgh tuvo una plataforma importante para compartir sus conocimientos y difundir sus teorías. Sus artículos e investigaciones tuvieron un impacto en la comprensión del sistema financiero alemán e internacional.

Lansburgh dedicó su carrera al estudio de las complejidades del sistema financiero y sus interacciones con la economía. Su investigación abordó temas como inversiones, mercados financieros, políticas monetarias y cuestiones relacionadas con el capital financiero. Sus análisis e ideas aportaron nuevas perspectivas al campo de la economía, influyendo en los debates académicos y en las políticas económicas de la época.

Esta edición tiene como objetivo rescatar su memoria y su impecable razonamiento económico liberal.

www.ingramcontent.com/pod-product-compliance
Lightning Source LLC
Chambersburg PA
CBHW070904260726
48661CB00004B/1589